innenwelt verlag

FSC
www.fsc.org
MIX
Papier aus verantwortungsvollen Quellen
FSC® C110508

Titel der Englischen Ausgabe: The Learning Love Handbook, Book 2: Healing Shame and Shock

1. Auflage 2013

Übersetzung: Pavitra Wolf

Umschlaggestaltung: Silke Watermeier, www.watermeier.net

Unter Verwendung einer Fotografie von Kerstin Stelter, www.kerstinstelter.de

www.innenwelt-verlag.de

Druck: Westermann Druck Zwickau GmbH, Zwickau

Printed in Germany

ISBN 978-3-942502-11-5

Krishnananda Trobe
Amana Trobe

LIEBE LERNEN

Eine Anleitung in vier Schritten

2

SCHAM UND UNSICHERHEIT VERSTEHEN UND HEILEN
ANGST UND SCHOCK VERSTEHEN UND HEILEN

EINE BUCHREIHE inkl. CD ZUM THEMA LIEBE UND INTIMITÄT

Inhalt

Teil 2
Angst und Schock verstehen und heilen 87

Vorwort

Dies ist der zweite Band der „Liebe Lernen"-Handbücher, die jeweils aus einem Buch und einer Begleit-CD mit geführten Meditationen bestehen. Sie sollen uns darin unterstützen, zu unserem natürlichen Zustand von Liebe, Lebendigkeit, Tiefe, Sensitivität, Herzlichkeit und Freude zurückzufinden.

In diesem Band geht es darum, uns selbst zu lieben. Es geht darum, wie wir die Fähigkeit, uns selbst zu lieben, verloren haben, wie sie uns vielleicht immer mehr abhanden kommt, und wie wir sie wieder zurückgewinnen können.

Drei Zustände blockieren unsere Fähigkeit, uns selbst zu lieben.

Diese drei Zustände sind Angst, Unsicherheit und Selbstverurteilung. Sie können so tief in unserem Denken, Sein, Fühlen und Handeln verwurzelt sein, dass sie buchstäblich unser Leben bestimmen.

Vielleicht haben wir so viel Angst und scheuen uns, notwendige Schritte zu unternehmen, um unser Leben dahingehend zu verändern, wie wir es gern hätten.

Vielleicht wissen wir nicht einmal, welche Schritte dazu notwendig wären.

Unsere Ängste und Unsicherheiten führen vielleicht dazu, dass wir immer wieder schmerzhafte Niederlagen und Ablehnung erfahren, sodass wir uns hilflos fühlen und verzweifelt sind.

Oder vielleicht fühlen wir, dass das Leben unfair ist, nicht freundlich mit uns umgeht, uns nicht unterstützt und uns nicht liebt.

Unter Umständen kritisieren wir fortwährend uns selbst oder andere.

Vielleicht haben wir Angst, in den Spiegel zu schauen, weil wir befürchten, dass wir uns als zu alt, zu dick, zu resigniert, zu ängstlich, zu negativ, zu falsch, zu unsensibel, zu schwach, zu dumm und/oder zu faul sehen.

Vielleicht erleben wir Momente intensiver Angst, für die wir keine Erklärung haben.

Vielleicht sind wir plötzlich wie gelähmt vor Angst und Unsicherheit.

Solche intensiven Zustände wie Scham, Selbstzweifel, Resignation, Depression, Angst und Schock zu überwinden, ist keine leichte Sache.

Wir haben auch selbst mit ihnen gekämpft und manchmal schien es uns, als gäbe es kein Licht am Ende des Tunnels. Aber wir können aus eigener Erfahrung sagen, dass es möglich ist, sich da hindurchzuarbeiten und diese Dinge hinter sich zu lassen.

Es ist weder einfach noch geht es schnell oder leicht.

Aber es ist eine Reise, die sich sehr lohnt, und die uns nicht nur von der Qual der Scham und der Unsicherheit befreit. Sie lässt uns auch das lähmende Gefühl von Schock und Angst überwinden und bringt enorme Tiefe und Sensitivität mit sich.

Wir können euch nicht versprechen, dass es mit ein paar einfachen Schritten, die wir euch an die Hand geben, für immer getan sein wird.

Wir erleben alle schwierige Augenblicke voller Scham und Angst und die wird es wahrscheinlich auch weiterhin geben. Aber wir können an einen Punkt kommen, an dem sie unser Leben nicht mehr bestimmen, und wir können in diesen schwierigen Momenten sanfter und liebevoller mit uns umgehen.

Mit diesem Handbuch und der Begleit-CD geben wir euch einige Hilfen an die Hand, um diese negativen Zustände zu überwinden.

In Teil 1 geht es um Unsicherheit und Selbstverurteilung, also um Scham. Wenn uns Scham übermannt, sind wir fest davon überzeugt, dass wir im Grunde gestört, unzulänglich, falsch, unattraktiv, nicht liebenswert oder schlecht sind.

Scham ist eine kraftvolle Hypnose, die leicht und oft unsere Gedanken beherrschen, unser Selbstbild bestimmen und unser Verhalten steuern kann. Scham ist ein Zustand, der nichts mit der Realität zu tun hat, dem man sich aber nur sehr schwer entziehen kann.

Wir können Scham in vier wesentlichen und entscheidenden Schritten transformieren, und diese Schritte werden wir hier ausführlich beschreiben.

Der erste Schritt besteht darin zu verstehen, was Scham ist, was sie verursacht hat, was sie heute auslöst, wie sie unser Selbstbild beeinflusst, wie sie sich anfühlt; wie wir denken und schließlich, wie wir uns verhalten, wenn wir von Scham übermannt werden.

Der zweite Schritt besteht darin, sich der Scham bewusst zuzuwenden. Als der Erwachsene, der wir heute sind, haben wir die Kraft, die Bewusstheit und die Ressourcen, die notwendig sind, um Scham sowohl zu erleben, wenn sie heute in unserem Leben auftritt, als auch um zu spüren, wie sie sich angefühlt hat, als wir ein Kind waren.

Der dritte Schritt besteht darin, beharrlich kleine Risiken einzugehen und unsere Ressourcen zu stärken.

Der letzte Schritt besteht darin, unsere negativen Selbsturteile in Mitgefühl und Verständnis zu transformieren.

In Teil 2 geht es um Angst und ihren stillen, erstarrten und oft verdeckten Zwilling, den Schock. Angst blockiert, ebenso wie Scham, häufig unsere Fähigkeit, uns selbst zu lieben und unser Leben zu genießen.

Angst kann uns davon abhalten, unser Leben so zu leben, wie wir es gern tun würden, die notwendigen Kurskorrekturen vorzunehmen, uns auszudrücken, unser Herz zu öffnen oder sogar überhaupt Kontakt zu anderen aufzunehmen. Angst kann unser Leben einengen und zu Anspannungen in unserem Körper führen. Sie kann Krankheit, tiefes Misstrauen und Ablehnung auslösen und uns das Gefühl vermitteln, dass das Leben an uns vorbeigeht.

Das kann dazu führen, dass wir in ständiger, zwanghafter Angst davor leben, verletzt, missbraucht, ignoriert oder ausgenutzt zu werden.

In ihrer aktiven Form kann Angst dazu führen, dass wir unter Panikattacken leiden, unruhig, hyperaktiv und übermäßig wachsam sind, uns nicht konzentrieren können oder Schlafstörungen haben.

In ihrer erstarrten Form kann Angst dazu führen, dass wir verwirrt, vergesslich, müde, dissoziiert oder überwältigt sind, unsere eigenen Grenzen nicht respektieren oder Raubbau an unserem Körper betreiben. Unsere häufigste Reaktion auf Angst und Schock ist, beide negativ zu bewerten, sie zu ignorieren, zu leugnen oder zu vermeiden. Aber diese Herangehensweise bringt nur noch mehr Leiden und Selbsthass mit sich.

In diesem Teil werden wir einen Weg beschreiben, wie wir Angst und Schock transformieren können, damit wir ihre verborgenen Schätze entdecken, sie in unser Leben integrieren und unser Selbstbild revidieren können. Dann können sie uns helfen, Tiefe, Sensitivität und Mitgefühl zu entwickeln.

TEIL I

SCHAM UND UNSICHERHEIT VERSTEHEN UND HEILEN

1

Was ist Scham?

Das Wort „Scham" kann einen verwirren. Mit Scham meinen wir einen Zustand, in dem wir uns fühlen,

- als wären wir falsch oder unzulänglich,
- als wären wir minderwertig,
- als wären wir gestört, schlecht, unfähig und nicht so gut wie wir sein sollten.

Es ist ein Zustand, in dem wir uns fortwährend verurteilen oder mit anderen vergleichen. Wenn wir uns schämen, sind wir nicht in Kontakt mit unseren natürlichen Gaben oder unserem Lebenssinn. Wir fühlen uns vom Universum abgeschnitten, wissen nicht, wer wir sind und was wir in dieser Welt sollen. Es fühlt sich an wie eine große Identitätskrise.

Weil wir uns innerlich nicht spüren, nicht mit uns in Kontakt sind und unsere Gaben nicht erkennen können, orientieren wir uns sehr stark nach Außen und richten uns danach, wie andere Menschen uns gern hätten. Wir leben nicht mehr, wie es unserer eigenen Weisheit entspricht, sondern versuchen dem zu entsprechen, was andere von uns erwarten. Das macht uns natürlich sehr empfindlich für jegliche Art von Kritik. Und dann schämen wir uns.

Du kannst Schamgefühle auf drei verschiedene Arten erleben.

Zunächst kann Scham ein körperliches Gefühl sein. Normalerweise geht Scham mit einem Mangel an Energie und Motivation einher, mit einem Gefühl von Müdigkeit, Enge in der Brust, Anspannung im Bauch, Depressionen. Du bist nicht in der Lage, irgendetwas zu beginnen, bist hoffnungslos; und dir ist schlecht oder du hast Schmerzen.

Die andere Art, wie Scham sich äußern kann, ist durch negative Urteile oder schamerfüllte Gedanken – Urteile über dich selbst oder andere oder das Leben im Allgemeinen. Vielleicht bist du dir dessen, was dein Kopf sagt, nicht bewusst, aber wenn du das Phänomen Scham genauer unter die Lupe nimmst, werden die Urteile deutlicher.

Wenn du dich schämst, kannst du dich leicht schuldig fühlen, oder du meinst, du hast etwas falsch gemacht und jemand wird dich bestrafen, weil du dich nicht richtig verhalten hast. Oder du hast das Gefühl, andere werden dich nicht respektieren, weil du etwas Dummes getan oder gesagt hast.

Ein paar Beispiele für typische Urteile sind: „Keiner liebt mich; ich verdiene es nicht, geliebt zu werden; ich bin nicht gut genug; ich bin schlecht; ich muss der/die Beste sein; ich bin ein Verlierer; die Welt ist ein feindseliger Ort; ich kann nicht mit anderen mithalten; man kann niemandem vertrauen; ich habe nichts zu geben; ich fühl mich überrannt; es hat alles keinen Sinn."

Die dritte Art, wie sich Scham äußern kann, nennen wir „Schamverhalten". Häufig schränkt Schamverhalten uns ein, wir sind unfähig, Grenzen zu setzen, fühlen uns von Menschen angezogen, die uns erniedrigen oder die nicht wirklich offen für uns sind, wir verhalten uns selbstdestruktiv, nehmen Drogen, haben alle möglichen Essstörungen, Gewichtsprobleme, isolieren uns, wollen Aufmerksamkeit um jeden Preis, sind unehrlich, ergreifen keine Initiative oder geben gleich wieder auf, was wir gerade erst begonnen haben, wenn kleinere Schwierigkeiten auftreten oder wir leichte Rückschläge erleben.

Scham kann akut auftauchen oder chronisch da sein.

Akute Scham wird durch Kritik, Urteile, Ablehnung oder Scheitern ausgelöst oder dadurch, dass du deine Wohlfühl-Zone verlässt, indem du dich zum Beispiel anders äußerst als normalerweise, dich in eine neue Umgebung begibst oder etwas Neues lernst.

Wenn du einen dieser möglichen Auslöser von Scham erlebst, ist es sehr wahrscheinlich, dass du eine „Scham-Attacke" bekommst, so nennen wir das.

Eine Scham-Attacke fühlt sich so an, als würde dir ganz plötzlich aller Wind aus den Segeln genommen. Plötzlich hast du jegliches Selbstvertrauen verloren, alle Hoffnung, jede Begeisterung, Freude, Energie und Lebenslust. Alles erscheint dunkel und zum Verzweifeln, und du glaubst nicht, dass es je wieder anders sein könnte.

Chronische Scham fühlt sich anders an.

Bei chronischer Scham kannst du vielleicht gar keinen Auslöser identifizieren. Vielleicht bist du dir nicht einmal sicher, warum du dich so mies fühlst. Vielleicht fühlst du dich schon so lange so, dass du gar nicht weißt, wie es ist, sich nicht zu schämen.

Es ist ein konstanter Mangel an Energie, fortwährende Depression und Lustlosigkeit, was sich vielleicht dadurch ausdrückt, dass du dich beschwerst oder leicht aufgibst.

Die Unsicherheit, der Mangel an Selbstvertrauen, die Ängste und negativen Glaubenssätze, die du in Bezug auf dich hast, hast du mit dir herumgetragen, solange du dich erinnern kannst.

Vielleicht hast du nicht gewusst, was es war oder dass es einen Namen hat, aber du hast gewusst, dass du dich unzulänglich gefühlt hast und kein Selbstvertrauen hattest. Du dachtest: „So bin ich, so war es schon immer und so wird es für immer bleiben."

Die meisten von uns laufen mit einem gewissen Maß an chronischer Scham herum und es gibt Menschen, die sie besser kompensieren als andere, um sie nicht zu fühlen. Vielleicht gelingt es dir schon lange, deine Scham zu überspielen, indem du sie kompensierst. Auf dieses Thema werden wir im nächsten Kapitel eingehen.

Und dann hast du vielleicht einen Unfall, wirst krank, verlierst jemanden, den du sehr geliebt hast, oder erlebst einen finanziellen Rückschlag und plötzlich kommt die ganze Scham hoch, die du dein ganzes Leben lang vermieden hast.

Ob du kürzlich mit deiner Scham in Berührung gekommen bist oder sie seit langem gespürt hast, früher oder später musst du ihr ins Gesicht sehen und sie heilen.

Wir sind mit natürlicher Freude, Neugier, einem offenen Herzen, Vertrauen und Unschuld in dieses Leben gekommen. Aber all das ist uns irgendwo auf unserem Lebensweg abhanden gekommen. Irgendwie haben wir unser wahres Sein aus den Augen verloren.

In diesem kleinen Handbuch werden wir dich mit auf eine Reise nehmen, um die Scham zu heilen und die natürliche Liebe zu dir selbst, die verloren gegangen ist, wiederzufinden.

Übung

Nimm dir einen Moment Zeit, um den Begriff der „Scham" näher zu betrachten.

- Hat Scham in deinem Leben eine Rolle gespielt?
- Ist Scham immer noch etwas, das du regelmäßig erlebst?
- Wie hast du versucht, sie zu vermeiden?
- Was löst in deinem Leben heute Schamgefühle aus?

2

Warum und wie wir vor unserer Scham davonlaufen

Der erste Schritt auf unserer Reise besteht darin, Licht darauf zu werfen, wie du deine Unsicherheiten, Ängste und Minderwertigkeitsgefühle vor anderen und vor dir selbst versteckst.

Wer mag es schon, sich unsicher zu fühlen und wer mag schon zugeben, dass er oder sie unsicher ist – du vielleicht?

Wie siehst du deine eigene Unsicherheit und deine Ängste, und was denkst du von anderen, die unsicher oder ängstlich sind?

Höchstwahrscheinlich verurteilst du sie.

Wahrscheinlich bist du mit der Erwartung aufgewachsen, erfolgreich sein zu sollen und wurdest verurteilt, wenn dir etwas nicht gelang.

Oder vielleicht hat man sich über dich lustig gemacht, wenn du Angst hattest, und man hat dir gesagt, du solltest aufhören, so viele Gefühle zu zeigen.

Wenn wir damit aufwachsen, dass Erfolg oberste Priorität hat und auf Niederlagen herabgeblickt wird, ist eine natürliche Folge davon, dass wir glauben, dass unser Wert davon abhängt, welche Leistung wir erbringen. Dein Leben dreht sich mehr und mehr darum, zu gewinnen und sich für Niederlagen zu schämen.

Dein Leben konzentriert sich darauf, Bestätigung von anderen zu bekommen und deine Unsicherheiten und Ängste zu verstecken.

Als Folge davon findest du vielleicht alle möglichen Mittel und Wege, um deine Scham zu verstecken. Du machst einen Lebensstil daraus, so zu tun als ob und Situationen zu vermeiden, in denen Scham ausgelöst werden könnte.

Wir möchten dich einladen, dir folgende Fragen zu stellen:

- Was möchtest du am liebsten niemandem über dich wissen lassen?
- Was tust du, damit andere dich für würdig erachten?
- Was tust du, damit andere dich für unwürdig halten?

Peter ist ein 36 Jahre alter Programmierer, der eine leitende Position in einer erfolgreichen Computerfirma hat. Er hat eine leise, sanfte Art und scheint sensibel, eher ängstlich und introvertiert zu sein. Wenn er über sich und sein Leben spricht, sagt er, dass er in der Schule und im Beruf erfolgreich war und ist, gibt aber zu, dass seine Beziehungen zu Frauen immer schwierig gewesen sind, auch schon als Jugendlicher. Er meint, dass er kein richtiger „Mann" ist, es fällt ihm schwer, auf Frauen zuzugehen, die er attraktiv findet, und alle seine Beziehungen endeten bisher damit, dass er abgewiesen wurde, was jedes Mal sehr schmerzhaft war. Wenn er mit einer Frau zusammen ist, hat er solche Angst, einen schlechten Eindruck zu machen, dass er oft nicht weiß, was er sagen soll, und er ist davon überzeugt, dass er im Bett ein schlechter Liebhaber ist, denn er ist so angespannt, dass er in der Regel zu früh kommt. Jetzt ist er hoffnungslos und entmutigt und vermeidet es, mit Frauen überhaupt Kontakt aufzunehmen. Er verbringt seine Tage lieber mit Arbeit und abends sieht er fern.

Matthew ist ein 42 Jahre alter, erfolgreicher Rechtsanwalt und Teilhaber einer der größten Rechtsanwaltskanzleien der Stadt, in der er lebt. Er fährt einen schnellen, italienischen Sportwagen, trägt elegante Kleidung und verbringt seinen Urlaub mit Skifahren oder in teuren Strand-Resorts. Er ist charmant, selbstsicher und kann sich gut ausdrücken. Er sagt, dass er, was Frauen angeht, ziemlich gutes Selbstvertrauen hat, er hält sich für einen guten Liebhaber, aber er hat Angst, seine Freiheit zu verlieren, und wenn die Dinge „zu kompliziert" werden, ist er auf und davon. Wie man sich vielleicht denken kann, wählt er elegante Frauen, beklagt sich aber darüber, dass er die „richtige" Frau bisher noch nicht getroffen habe. „Sie wollen alle mein Geld, sind aber sehr oberflächlich." Auch in sexueller Hinsicht langweilt er sich mit ein und derselben Partnerin schnell.

Stephan ist 38 Jahre alt, hat eine Firma zusammen mit seinem älteren Bruder, ist verheiratet und hat drei kleine Kinder. Er und seine Frau haben seit Jahren immer wieder Streit; wenn Stephan sich aufregt, schreit er sie an. Er ist genervt, wenn das Haus nicht so sauber und ordentlich ist, wie er es gern hätte, wenn sie sich nicht um die praktischen Dinge im Haushalt kümmert und wenn die Kinder zu laut oder zu wild sind. Er brüllt auch seine Angestellten in der Firma an, wenn sie Dinge nicht so erledigen, wie er es von ihnen erwartet. Seine Frau droht damit, die Scheidung einzureichen; deswegen kontrolliert er in letzter Zeit seine Wut etwas besser, aber er sieht ein, dass es da etwas viel Tieferliegendes gibt, mit dem er sich auseinandersetzen muss.

Susan ist eine 37 Jahre alte Kinderärztin. Ihre Arbeit erfüllt sie und finanziell ist sie abgesichert. Sie hat Probleme mit Männern. Ihr Muster besteht darin, dass sie Männer anzieht, die Spass am Sex mit ihr haben, die sich aber nicht auf eine festere Beziehung mit ihr einlassen wollen oder können. Sie ist furchtbar wütend auf ihren letzten Freund, denn nachdem sie einige Monate gedatet hatten, hat er entschieden, dass sie lieber nur Freunde sein sollten, weil „das Ganze zu kompliziert wurde". Obwohl sie sicher ist, dass sie die

Beziehung auf rein freundschaftlicher Ebene nicht fortsetzen will und dass das auch nicht gut für sie wäre, treffen die beiden sich weiterhin, und sie ist frustriert, fühlt sich betrogen und ausgenutzt. Dies ist die dritte Beziehung in Folge, in der sie sich abgewiesen fühlt.

Die 35-jährige Alexandra hat sich vom Leben zurückgezogen, seit ihr Vater vor drei Jahren gestorben ist. Sie hatte eine sehr enge Bindung zu ihrem Vater, sie war sein Liebling gewesen und er hatte sie ihren beiden älteren Schwestern gegenüber bevorzugt. Sie hatte sogar das Gefühl, er hätte sie der Mutter vorgezogen und in gewisser Hinsicht fühlte sie sich mehr als Geliebte denn als Tochter, obwohl er sich ihr nie sexuell genähert hatte. Um ihm zu gefallen und um seinen Respekt zu verdienen, hatte sie exzellente Zeugnisse in der Schule und war sehr sportlich. Auf dem Gymnasium war sie Kapitänin ihrer Volleyball-Mannschaft gewesen, und später schlug sie dann die gleiche Bahn ein wie er und wurde Rechtsanwältin. Sie hat bisher keine Beziehung zu einem Mann gehabt, die länger als ein paar Monate gedauert hätte, denn immer hatte sie das Gefühl, dass die Männer es mit ihrem Vater nicht aufnehmen könnten. Jetzt ist sie klinisch depressiv, hat aufgehört zu arbeiten, trinkt ziemlich viel, und das Leben erscheint ihr grundsätzlich hoffnungslos.

Diese fünf Menschen verstecken – auf diese oder jene Art – alle ihre Scham. Peter versteckt sie, indem er sich isoliert, Matthew, indem er ein falsches Bild von sich kreiert, Stephan versteckt seine Scham hinter seiner Wut und ist zwanghaft perfektionistisch, Susan versteckt sich hinter dem Muster, Männer zu finden, die nicht verfügbar sind, und Alexandra versteckt ihre Scham, indem sie depressiv wird und trinkt.

Peter empfindet tiefe Scham in seinen Beziehungen mit Frauen, aber statt sich mit seiner Scham auseinanderzusetzen und sich davon zu befreien, hat er sich dafür entschieden, diesen problematischen Teil seines

Lebens auszublenden. Er lässt es gar nicht erst dazu kommen, in eine Situation zu geraten, in der er eine Frau attraktiv finden könnte. Statt sich mit einer Frau zu verabreden und wieder eine Abfuhr zu bekommen, vermeidet er Frauen lieber ganz.

Matthew ist sich nicht einmal dessen bewusst, dass er Schamgefühle hat. Er hat sich einen Lebensstil zugelegt, der ein hervorragender Ersatz dafür ist, seine Verletzlichkeit nicht zu zeigen. Er hat seine Fähigkeiten – Intelligenz, Extrovertiertheit und Selbstvertrauen als Mann – dazu genutzt, Karriere zu machen und Sex zu bekommen. Indem er sich an das hält, was er gut kann, und indem er dafür sorgt, dass seine Beziehungen oberflächlich bleiben, braucht er nicht das Risiko einzugehen, sich unsicher zu fühlen oder abgelehnt zu werden.

Wenn Stephan vor Wut in die Luft geht, ist er sich nicht bewusst, dass sich unter der Wut eine mächtige Portion Unsicherheit verbirgt, ein Gefühl von Wertlosigkeit und eine tiefgreifende Angst, als Mann nicht gut genug zu sein. Er nimmt seine Arbeit, die Arbeit seiner Mitarbeiter und die Ordnung im Haus so wichtig und besteht darauf, dass alles seinen Ansprüchen genügen muss, weil sein Selbstwertgefühl davon abhängt, dass alles genauso läuft, wie er es gern hätte.

Statt zu fühlen, wie unsicher sie sich als Frau fühlt, wird Susan wütend auf die Männer, die sie abweisen und gibt ihnen die Schuld. Sie hat noch nicht erkannt, dass diese Männer ihr spiegeln, dass sie sich selbst ablehnt. Wenn wir unsere Scham mit in unsere Beziehungen bringen, bevor sie geheilt ist, geschieht, was wir „mit der Scham hausieren gehen" nennen. Wir senden unbewusst aus, dass wir es verdienen, abgewiesen zu werden.

Susan strahlt mit ihrer Energie aus, dass sie sich selbst nicht liebt, aber statt die Scham zu fühlen, flüchtet sie in Schuldzuweisungen und Wut.

Alexandra versteckt ihre Scham dahinter, dass sie Mythen um ihren Vater spinnt. Als Liebling des Vaters hat sie sich in ihrer Fantasie zu einer „besonderen Frau" gemacht. Damit sie an diesem Traum festhalten kann, lässt sie es nie zu, sich wirklich zu öffnen oder sich einem anderen Mann gegenüber verletzlich zu zeigen, denn das könnte das Ende ihres Traums bedeuten. Ihre Beziehungen zu Männern sind ein schwacher Ersatz für die Liebe und Bewunderung ihres Vaters gewesen, und da er jetzt nicht mehr da ist, hat sie das Gefühl, die einzig wahre Liebe ihres Lebens verloren zu haben.

Die Verhaltensweisen, mithilfe derer wir unsere Scham verstecken, nennen wir „Schamkompensationen".

Sehen wir uns einige Variationen davon an:

- Vielleicht verstecken wir unsere Scham, indem wir das Opfer spielen, chronisch krank werden, uns in Selbstmitleid ergehen, uns darüber beklagen, dass uns das Leben oder andere Menschen unfair behandeln, keine Wertschätzung entgegenbringen oder uns ignorieren, weil wir nicht fühlen wollen, dass wir selbst das eindringliche Gefühl haben, unzulänglich zu sein.
- Wir verstecken unsere Scham hinter Süchten, wie zum Beispiel Spielsucht, Alkoholmissbrauch, Drogenkonsum, damit wir den Schmerz in unserem Innern nicht fühlen müssen.
- Wir verstecken unsere Scham, indem wir aufgeben, nichts beenden oder sabotieren, was wir begonnen haben, indem wir es vermeiden, Risiken einzugehen oder für uns einzustehen, weil wir keine Niederlage erleben wollen.
- Wir können unsere Scham verstecken, indem wir uns isolieren, andere Menschen abweisen, bevor sie uns abweisen oder indem wir intime Beziehungen vermeiden, damit wir uns nicht mit der Scham auseinandersetzen müssen, die es bedeutet, abgewiesen zu werden.

Wie bei Stephan verstecken wir unsere Scham oft hinter Wutausbrüchen, Anfällen von Negativität, Schmollen, Türenknallen. Wir werden wütend, wenn andere Menschen oder die Welt unsere sehr hohen Ansprüche nicht erfüllen. Genau diese perfektionistischen Ansprüche sind die Grundlage unserer Scham.

Und schließlich gibt es eine andere geläufige Form, mit der wir es vermeiden, unsere Scham zu fühlen, nämlich Macht und Kontrolle über andere auszuüben, egal in welcher Form – durch Geld, durch unsere Position, indem wir Sex gewähren oder vorenthalten, indem wir verführen, uns um andere kümmern und die Verantwortung für sie übernehmen, oder indem wir spirituell Autorität ausüben.

Diese Kompensationen werden alle zu gewohnheitsmäßigen Verhaltensweisen, die vielleicht schon seit unserer Kindheit in uns verwurzelt sind. Häufig benutzen wir vorrangig unsere Gaben, Fähigkeiten und Stärken, um es zu vermeiden, Scham fühlen zu müssen.

Du kannst unmöglich wissen, dass du etwas vermeidest, was tief in deinem Inneren liegt, bevor du nicht beginnst, ein inneres Gefühl dafür zu entwickeln, dass du vor etwas davonläufst.

Wie kannst du merken, dass du kompensierst?

- Kompensation hat eine bestimmte energetische Qualität, die du in deinem Körper wahrnehmen kannst – eine bestimmte Spannung oder Anspannung. Vielleicht ist dein Atem flach.
- Kompensation geht mit einem Gefühl von Falschheit einher, einem Mangel an Authentizität, einem Drang, wegzulaufen und sich zu verstecken.
- Vielleicht bemerkst du, dass es anderen schwerfällt, dir nahe zu kommen oder sich dir gegenüber zu öffnen.
- Dir ist die ganze Zeit nicht wohl in deiner Haut, weil du keine richtige Verbindung zu dir selbst hast, keine Verbindung mit anderen oder zu dem, was um dich herum geschieht.
- Dein Leben hat keinen tieferen Sinn.

Übung

Nimm dir einen Moment, um darüber nachzudenken, was du tust, um deine Scham zu verstecken.

- Schreib diese Verhaltensweisen auf.
- Lass dir einen Moment Zeit, um in deinem Innern zu fühlen, wann du dich so verhältst.
- Kannst du fühlen, wovor du davonläufst?

3

Das kompensierte Ich

Bevor du dich auf den Weg machen kannst, um deine Scham zu heilen, musst du einen Punkt im Leben erreicht haben, an dem du bereit und willens bist, deine Kompensationsstrategien hinter dir zu lassen.

Wir wollen uns nun ansehen, was Kompensieren ist und wie es deine Scham überdeckt.

Stell dir vor, du lebst in einem Haus mit drei Etagen.

In der obersten Etage ist, was wir „das kompensierte Ich" nennen, in der mittleren Etage finden wir „das beschämte Ich" und im Erdgeschoss „das wahre Selbst".

> Robert arbeitet als Finanzberater in einer großen Investmentfirma. Seine Tage sind lang und abends geht er oft mit seinen Kollegen in eine Bar und trinkt viel. Er sagt, dass Alkohol ihm hilft, dazuzugehören und sich als Leiter der Gruppe zu fühlen, denn wenn er trinkt, hat er Selbstvertrauen, er entspannt sich und kann sich gut ausdrücken. Er mag es nicht, wenn er sich unsicher, ängstlich und schüchtern fühlt, besonders nicht in Gegenwart seiner Kollegen. Er verurteilt diese Züge an sich selbst und auch an anderen. Er sagt, dass der Grund dafür, dass er in seiner Arbeit erfolgreich ist und dass seine Vorgesetzten ihn respektieren, darin besteht, dass er seine Angst

nicht zeigt und stattdessen selbstsicher auftritt. Außerdem kann er sich nicht vorstellen, dass jemals eine Frau gut finden könnte, wenn er zeigen würde, dass er unsicher ist.

Roberts Situation ist nicht ungewöhnlich. Er hat das Glück, dass er zumindest um seine tiefen Ängste und Unsicherheiten weiß. Viele Menschen, die in Kompensation leben, sind sich dessen nicht bewusst. Aber weil Robert seine Ängste und Unsicherheiten verurteilt und sein sozialer Erfolg und seine Karriere zu seinen Kompensationsstrategien zählen, hat er noch keinen Anlass, sein beschämtes Ich zu akzeptieren. Er sieht den Wert, der in der Scham liegt, noch nicht.

Das kompensierte Ich versteckt die Scham hinter allen möglichen Verhaltensweisen, Sucht, Zerstreuungen, Selbstbildern und Rollen. Leben wir in Kompensation, treiben wir uns selbst an, unsere eigenen Erwartungen und die, mit denen wir aufgewachsen sind, zu erfüllen. Wir nutzen unsere natürlichen Gaben, so wie zum Beispiel gutes Aussehen, Intelligenz, sportliche Fähigkeiten, die Tatsache, dass wir viel Energie haben oder kreativ sind, um unser Ego zu stärken und uns das Gefühl zu verschaffen, dass wir Liebe, Respekt, Macht und Wohlstand bekommen.

Andy ist ein wohlhabender Geschäftsmann, dessen Hauptmotivation im Leben darin besteht, Geld, Macht und Sex zu bekommen. Er ist stolz darauf, großzügig zu sein und zu Wohltätigkeitszwecken Menschen, denen es schlechter geht als ihm, Geld zu spenden, aber er ist sich nicht im geringsten bewusst, dass sein Leben in Wirklichkeit keine Erfüllung bringt und dass es darin keine Liebe gibt. Seine Ex-Frau gibt zu, dass sie es genossen hat, mit ihm einen luxuriösen Lebensstil zu pflegen und dass er großzügig war, solange sie zusammenwaren, aber sie hat ihm nie wirklich nahe kommen können. Beim Sex fühlte sie sich ausgebeutet und oft missbraucht, und sie fühlte, dass er ständig versuchte, sich selbst und ihr zu beweisen, wie gut er

> als Liebhaber war. Er behandelte andere Menschen mehr wie Objekte und nicht wie Menschen und konnte nie seine eigenen Schwächen oder Unsicherheiten eingestehen. Erst als sie schließlich herausfand, dass diese Beziehung selbstzerstörerisch für sie war und auf Scham basierte, schaffte sie es, ihn zu verlassen.

Wenn du in dem kompensierten Ich lebst, ist es für andere Menschen schwierig, dir nahezukommen, denn sie erleben eine Wand aus Selbstverleugnung und Schein. Sie erleben jemanden, der nicht authentisch ist, denn er oder sie hat keinen Zugang zu seiner oder ihrer Sensitivität, seinen oder ihren Grenzen oder Ängsten.

In der Kompensation hast du (oft unbewusst) furchtbare Angst, deine Scham zu zeigen, denn du bist wahrscheinlich davon überzeugt, dass andere dich dann verurteilen und abweisen werden. Aber in der Kompensation zu leben heißt, nicht mit deinem Sein in Einklang zu sein.

- Vielleicht bekommst du einen Burn-out, weil du dich so hart antreibst.
- Vielleicht fühlst du, dass du keine wirkliche Verbindung mit anderen Menschen hast.
- Vielleicht wirst du krank, weil du Alkohol oder Drogen missbrauchst oder dein Leben ein so wahnsinniges Tempo hat.
- Du zerstörst vielleicht eine Ehe oder Beziehung, weil du dir nicht erlaubst, verletzlich zu sein.
- Vielleicht hast du einen schweren Unfall, weil du zu schnell fährst.
- Vielleicht erlebst du eine finanzielle Pleite, weil du unbedachte Risiken eingegangen bist.
- Vielleicht wirst du depressiv, weil dein Leben keinen Sinn hat.
- Vielleicht entfremdest du dich von deinen Kindern oder verlierst den Kontakt zu ihnen.
- Vielleicht hast du plötzlich keine Freude mehr und fühlst dich deprimiert.

Bist du der Ansicht, dass du einen Punkt in deinem Leben erreicht hast, an dem deine Kompensationen zu teuer werden, weil deine Lebensqualität zu sehr unter ihnen leidet?

Robert, der Finanzberater, den wir bereits erwähnt haben, hat angefangen, an sich und seiner Scham ernsthaft zu arbeiten. Er hat einige Seminare besucht und hat sich selbst zu wöchentlichen Sitzungen mit Krish verpflichtet. Er sieht, dass seine Kompensationen und sein Alkoholmissbrauch sein Leben negativ beeinflussen. Er fühlt sich unehrlich und ist nicht im Kontakt mit seinen Gefühlen und seiner Seele. Er sehnt sich danach, ein anderer zu sein. Er möchte Intimität in seinem Leben und er möchte ein ehrlicher Mensch sein. Er ist sich dessen bewusst, dass er seine Scham versteckt und er ist dazu bereit, sie näher zu untersuchen. Er hat Angst, dass andere ihn verurteilen und abweisen, wenn er sich selbst eingesteht und zeigt, wieviel Angst er hat und wie unsicher er insbesondere mit Frauen ist. Er kann das seinen Freunden gegenüber noch nicht zugeben, denn noch verurteilt er selbst seine Ängste und seine Scham. Aber indem er sie eingesteht und von Krish darin angeleitet wird, sie zu fühlen, merkt er, dass er sich nicht verurteilt oder erniedrigt fühlt, sondern dass er anfängt, sich als tiefer und menschlicher zu erleben.

Zu deinem Heilungsweg gehört auch, deine Kompensationsstrategien im Leben zu erkennen, und bereit zu sein, mehr über deine Scham herauszufinden.

Übung

Nimm dir einen Moment Zeit, um über dein gewohnheitsmäßiges Verhalten nachzudenken, besonders, wenn du mit anderen Menschen zusammenbist:

- Inwiefern ist dieses Verhalten vielleicht nicht wahrhaftig oder nicht mit deiner Seele in Einklang?
- Wie fühlt es sich in deinem Innern an, wenn du dich so verhältst?
- Welche spezifischen Verhaltensweisen sind deiner Ansicht nach Kompensationen?
- Was überspielst du deiner Meinung nach mit diesem Verhalten?

4

Das beschämte Ich

Wenn du anfängst, deine Scham näher kennenzulernen, bist du in der mittleren Etage angekommen.

Du bist bereit, mehr über dein beschämtes Ich und wie es sich zeigt, herauszufinden. Da Scham einer tiefen Hypnose gleicht, einer Trance, die deine wahre Essenz überdeckt, kann es sehr hilfreich sein, sie, wie oben bereits beschrieben, in dreierlei Hinsicht zu untersuchen: *Wie fühlst du dich,* wenn du von Scham überwältigt wirst, *woran denkst du* und *wie verhältst du dich*, wenn du dich schämst.

Schauen wir uns nun Marcos Geschichte an. Als Kind wurde er ständig von seinem zwei Jahre älteren Bruder, Leonard, geärgert. Der bezeichnete ihn als „dumm", „eklig" und „nutzlos", aber gleichzeitig beschützte er ihn davor, von anderen Schülern in der Schule gemobbt zu werden. Demzufolge liebte Marco Leonard, obwohl der ihn regelmäßig erniedrigte. Er wuchs im Schatten seines älteren Bruders auf, machte ihn nach und versuchte auf jede erdenkliche Art und Weise so zu sein wie er. Er wollte die gleiche Kleidung tragen, so reden und handeln und auch Freunde haben wie sein Bruder.

Im tiefsten Innern fühlte er sich minderwertig und zweifelte an seiner Fähigkeit, irgendetwas gut zu können. Er entwickelte ein Selbstbild von sich, nach dem er „der Zweitbeste" war, und wenn er und sein Bruder beim Sport konkurrierten, was oft der Fall war, verlor er fast immer. Er fing an zu erwarten, dass er verlieren würde, und diese Erwartung übertrug sich auch auf andere Situationen, wenn er mit anderen Menschen konkurrierte. Aber er gab nie auf. Jede neue Herausforderung wurde zu einem Test, was er als Mensch wert war.

Als er älter wurde, führte dieses innere Gefühl, unterlegen zu sein, dazu, dass er jedes Mal, wenn er eine Klausur oder einen Wettkampf in der Schule hatte, enorme Angst bekam. Manchmal war seine Angst so stark, dass er bereits aufgab, bevor der Wettkampf entschieden war. Er konnte sich selbst nicht verzeihen, dass etwas mit ihm nicht stimmte und er „falsch" war. Sogar was Mädchen anging, fühlte er sich seinem Bruder unterlegen und bezweifelte, dass irgendein Mädchen, das er attraktiv und sexy fand, sich für ihn interessieren könnte.

Trotz seiner Unsicherheit und seiner Ängste schaffte er es, sie gut zu kompensieren. Er war gut in der Schule, wurde Arzt und stellte fest, dass Frauen ihn recht attraktiv fanden. Aber trotzdem fühlte er sich im Innern falsch und sein Selbstwert konnte leicht dahinschwinden bei der kleinsten Niederlage oder wenn er abgewiesen wurde. Er fragte immer noch seinen Bruder um Rat und es hatte unheimlich starken Einfluss auf ihn, wenn sein Bruder ihn kritisierte oder anderer Meinung war.

Viele Jahre später besuchte er dann ein Seminar zum Thema Selbstwert. Der Lehrer sprach über etwas, das er „Scham" nannte, und Marco verstand, dass es das war, was er sein ganzes Leben lang gefühlt hatte. Er hatte bisher nicht gewusst, was er da gefühlt hatte. Sein inneres Gefühl sagte ihm, dass er versagen würde, obwohl er sich immer so sehr bemühte, besser zu sein. Er wollte sich einfach nur verstecken. Manchmal spürte er, dass die ganze Anstrengung, sich zu beweisen, zu viel für ihn war. Aber gleichzeitig fühlte er und heute noch immer, dass sein Leben wertlos wäre, wenn er nicht beweisen könnte, dass ihm etwas gelingt.

Es war eine solche Erleichterung für ihn, als er den Begriff der Scham kennenlernte, denn zum ersten Mal verstand er, dass dieser Zustand einen Namen hatte, dass andere unter den gleichen Gefühlen litten wie er und dass dieses Gefühl, nicht würdig zu sein, ihm nicht angeboren war, sondern dass es einen Grund dafür gab, dass er so fühlte. Auf diesem Seminar lernte er auch, dass Scham ein falsches Selbstbild mit sich bringt, das das Ergebnis negativer Konditionierung ist.

Dieses falsche Selbstbild bestimmt häufig unser Leben und das konstante Gefühl von Scham kann uns zermürben.

Manchmal, besonders nach einer schwerwiegenden Ablehnung oder Niederlage, wird das Gefühl der Scham stärker und kann lange anhalten. Wie lange es anhält, hängt davon ab, wie tief unser Schamgefühl geht.

Wir alle haben Schamgefühle, aber sie unterscheiden sich in ihrer Intensität und das ist individuell und von vielen Faktoren abhängig. Einige dieser Faktoren sind offensichtlich und darauf werden wir noch näher eingehen. Aber manchmal ist es nicht so leicht zu erkennen, warum jemand so stark unter Scham leidet, während es jemandem andern leichter fällt, damit umzugehen.

Welchen Sinn macht es, Scham genauer zu erkunden?

Warum sie nicht einfach ignorieren und dein Leben leben?

Das sind alles berechtigte Fragen.

Der Grund dafür, dass es Sinn macht, Scham genauer zu untersuchen, liegt darin, dass Scham, wenn sie nicht erkundet und integriert wird, sich indirekt zeigen wird, und früher oder später wird sie dich überrollen, wenn du es am wenigsten erwartest.

Wenn du einen Teil von dir ablehnst, wird dich dieser Teil davon abhalten, echt zu sein, und das wird es wiederum unmöglich machen, ein erfüllendes Leben zu leben und tiefe Bindungen mit anderen Menschen einzugehen.

In Wahrheit haben wir alle enormes Potential und unglaubliche Gaben. Aber wir haben auch tiefe Ängste und Unsicherheiten.

Wenn du versuchst, dein Potential zu leben und deine Gaben umzusetzen, indem du deine Unsicherheit überspielst, wird dein Leben immer eine unwirkliche Qualität und etwas Gewalttätiges an sich haben.

Aber wenn du lernst, den Teil von dir, der Scham mit sich herumträgt, näher zu erkunden und zu akzeptieren, dann wirst du echt, tief, mitfühlend und sensibel werden.

Du kannst deine Gaben umsetzen und Liebe auf völlig andere Weise erleben, als wenn du versuchen würdest, deine Unsicherheiten im Leben zu überspielen. Wir können ein schönes, einzigartiges, kreatives Wesen in uns entdecken, das darauf gewartet hat, entdeckt zu werden und sich frei fließend und sanft auszudrücken.

Marco meint, dass dieses Seminar ein Wendepunkt in seinem Leben gewesen ist. Es hat ihn auf den Weg gebracht und inzwischen hat er seine Scham geheilt. Es war ein Prozess, zu dem viele andere Seminare und auch individuelle Therapie nötig waren. Er hat die Wurzeln seiner Unsicherheit erforscht und gesehen, wie er sich selbst all die Jahre kompromittiert und klein gemacht hat. Und schließlich hat er herausgefunden, wie abhängig er von seinem älteren Bruder gewesen war. Heute ist er sogar für die Scham dankbar, durch die er sich hindurchgearbeitet hat, denn er fühlt, dass sie ihn zu einem tieferen und sensibleren Menschen gemacht hat.

Übung

Beobachte, wie es sich in deinem Innern anfühlt, wenn du eine Scham-Attacke hast.

- Wie beeinträchtigt es deine Energie?
- Was ist dir bewusst, und was nimmst du in deinem Körper wahr?
- Wie beeinträchtigt dieses Gefühl, was du über dich und dein Verhalten denkst?

5

Schamgedanken

Scham geht mit negativen Glaubenssätzen und Überzeugungen einher, die du über dich und ganz allgemein über das Leben hast. Bist du dir darüber im Klaren, wie stark diese Urteile sind und wie sehr sie dein Leben kontrollieren?

In diesem Kapitel werden wir dir helfen, dir deine Urteile anzusehen und zu schauen, woher sie ursprünglich stammen. Urteile sind Glaubenssätze, die auf Trennung, Schmerz und Misstrauen basieren.

Schamgedanken können ausgelöst werden,

- wenn du eine Niederlage oder Ablehnung erfährst oder erwartest.
- wenn du mit anderen Menschen zusammen bist, zum Beispiel auf einer Party, und dich das unsicher macht.
- wenn du dich in unbekannter Umgebung befindest, wenn du an einen neuen Ort umziehst oder in ein neues Land, oder wenn du etwas Neues tust, das du noch nie vorher getan hast.
- wenn du eine Prüfung ablegen, an einer neuen Arbeitsstelle etwas präsentieren oder zu einem Bewerbungsgespräch gehen musst.
- wenn du mit einem oder mehreren anderen Menschen zusammen gewesen bist und du dich hinterher gnadenlos verurteilst, weil du dumme Sachen gesagt oder getan hast, versucht hast, andere zu beeindrucken oder nicht das „richtige" gesagt hast.

- wenn du mit jemandem zusammenbist, den du attraktiv findest und du dich mit anderen vergleichst, von denen du denkst, dass sie attraktiver sind als du.
- wenn du eine schwierige Herausforderung in deinem Leben erlebst, eine Beziehung beginnst oder beendest, oder wenn dir auf deiner Arbeit mehr Verantwortung anvertraut wird.
- wenn du siehst, dass jemand anders erfolgreich ist und du dich mit ihm oder ihr vergleichst.

Manchmal hörst du die Stimmen der Scham vielleicht nicht klar und deutlich, aber sie legen deine Energie lahm und sorgen dafür, dass du deprimiert wirst, in dich zusammensinkst und dich leicht überwältigt fühlst.

Wenn die Scham dich in der Hand hat, heißt das, dass du den Stimmen der Scham Glauben schenkst. Damit Veränderung möglich wird, ist es wichtig, wirklich hinzuhören, was diese Stimmen sagen. Nur so kannst du etwas Abstand von den Stimmen nehmen.

Wenn du die Stimmen deutlich hörst, kannst du hinterfragen, ob das, was sie sagen, wirklich der Wahrheit entspricht oder nicht.

Aber das Problem der Scham geht tiefer als die negativen Glaubenssätze, die dich quälen oder das vernichtende Gefühl in deinem Innern, das durch Scham hervorgerufen wird.

Das Problem ist, dass diese Glaubenssätze und dieses Gefühl in dir so tief in deiner Psyche verwurzelt sind, dass sie zu einer Identität geworden sind, die auf tiefer Scham beruht und die besagt, dass mit dir etwas nicht stimmt, dass du unzulänglich bist, unfähig, falsch und schlecht und dass dich niemand lieben kann.

Du glaubst fest daran, dass du so bist.

Deshalb nennen wir das „das beschämte Ich". Und wenn deine Identität sich auf Scham gründet, klebt die Scham an dir wie Kleister.

Deine Glaubenssätze und die Gefühle, die sie auslösen, verstärken das beschämte Gefühl, das du von dir hast.

Viele von uns haben sich auf dieser mittleren Etage häuslich niedergelassen. Wir glauben den Stimmen der Scham in unserem Kopf, die uns erzählen, dass wir nicht gut genug sind. Und jede neue Niederlage, jede Kritik, jedes Urteil und jede Ablehnung verstärken die negative Sichtweise, die wir von uns haben.

Diese Sichtweise kontrolliert unser Leben und entscheidet über unsere Handlungen.

Pedro ist ein guter Gitarrist, Sänger und Komponist. Seine tiefste Sehnsucht war immer, ein erfolgreicher Musiker zu werden und von seiner Musik leben zu können. Er ist ein erfolgreicher Psychologe, aber seine wahre Liebe gehört der Musik. Leider leidet er unter furchtbarem Lampenfieber und wenn er vor Publikum auftritt, zittern seine Hände so sehr, dass er nicht spielen kann. Als Kind hat er für seine Musik keine Unterstützung bekommen. Seine Eltern waren der Ansicht, seine Musik sei nur ein Hobby, und sie meinten, er solle sich darauf konzentrieren, Arzt zu werden. Er erinnert sich, dass weder sein Vater noch seine Mutter sich die Mühe gemacht hätten dabeizusein, als er als Vierzehnjähriger sein erstes Konzert gab. Sie fragten ihn hinterher noch nicht einmal, wie es ihm ergangen war. Im tiefsten Innern glaubt er fest daran, dass seine Musik keinen Wert hat und auch, dass er als Musiker nichts Besonderes ist. Er hat die gleichen Urteile über seine Musik im Kopf, wie sie seine Eltern hatten, und mit dieser negativen Einstellung sabotiert er sich fortwährend selbst.

Helena hatte fünf Jahre lang eine Beziehung mit einem aggressiven Mann, der sie missbrauchte. Sie fand ihn attraktiv, weil er „stark" war und sie fühlte, dass sie attraktiv und anziehend für ihn war. Wenn sie Angst hatte oder überwältigt war, mochte sie es, wenn er sie in den Arm nahm, wo sie sich sicher fühlte, und dann vergaß sie schnell seine ganzen verbalen Ausfälle und die manchmal körperlichen Angriffe ihr gegenüber. In ihrer Beziehung hatte sie geglaubt, dass sie alles tat, was sie konnte, und dass sie Glück hatte, mit jemandem zusammen zu sein, der sie liebte.

Susanna ist unglücklich „verliebt" in einen Mann, der für eine Beziehung, wie sie sie gern hätte, nicht offen ist. Ab und zu ruft er sie an, dann gehen sie zusammen aus und beenden den Abend mit dem wunderbarsten Sex, den sie je erlebt hat. Dann hört sie tagelang, manchmal wochenlang nichts von ihm. Er sagt, dass er keine feste Beziehung will und lieber Treffen mit verschiedenen Frauen hat. Er ist mit diesem Arrangement zufrieden und will daran nichts ändern. Wenn sie die Glaubenssätze näher untersucht, die ihr Leben bestimmen, dann stellt sie fest, dass sie sich im tiefsten Innern nicht würdig fühlt, von einem Mann geliebt zu werden, der stark, selbstständig und attraktiv ist. Auch wenn sie intellektuell weiß, dass diese Beziehung ihr nicht gut tut und dass er sich nicht ändern wird, kann sie sich da nicht rausziehen.

Die Glaubenssätze deines beschämten Ichs werden deine Entscheidungen, deine (Partner-)Wahl und dein Verhalten bestimmen, bis du anfängst, sie dir bewusst zu machen und sie infrage zu stellen. Lass uns einen Blick auf die Glaubenssätze werfen, die es in bestimmten Bereichen deines Lebens gibt.

In Bezug auf Arbeit, Geld und Kreativität:

- Ich werde es nie schaffen.
- Ich bin nicht gut genug und werde nie gut genug sein.
- Ich bin faul, und ich bringe nicht wirklich meine ganze Energie in das ein, was ich tue.
- Ich verdiene es nicht, so viel zu verdienen, wenn andere leiden.
- Ich habe nicht wirklich etwas Besonderes anzubieten.

In Bezug auf Beziehung, Liebe und Sex:

- Ich bin zuviel – zu selbstsüchtig, zu laut, zu lebendig, zu sexuell, zu wütend, zu fordernd etc.
- Ich bin nicht attraktiv genug und langweilig.
- Ich bin nicht lebendig genug und zu verklemmt.
- Keiner wird mich jemals lieben.
- Ich kann niemandem wirklich trauen.
- Keiner versteht mich.
- Wenn ich mich öffne, wird man mich ausnutzen.
- Wenn ich mich öffne, werde ich mich verlieren und/oder werde ich meine Freiheit verlieren.
- Ich sollte nicht so bedürftig sein.

In Bezug auf deinen Körper:

- Ich bin zu dick.
- Ich mag meine Brüste, meine Hüften, meine Beine etc. nicht.
- Ich bin nicht in Form.
- Ich bin zu alt.

In Bezug auf dich als Elternteil:

- Ich bin zu nachgiebig/zu streng.
- Ich mache zu viele Fehler.
- Ich liebe mein Kind/meine Kinder nicht genug, habe mein Kind/meine Kinder nicht genug geliebt.

Wenn du einige dieser Glaubenssätze hörst, wirst du natürlich sagen: „Aber das stimmt!" Ja, in diesen Aussagen mag ein Körnchen Wahrheit stecken.

Aber ein negativer Glaubenssatz steht nicht nur für sich und sagt die volle Wahrheit – er trägt auch immer etwas Verurteilendes und Negatives in sich gegen denjenigen, über den diese Aussage gemacht wird.

Und dieses Verurteilen und die Negativität sind niederschmetternd für dich. Sie bringen dich um deine Lebensenergie statt dich zu unterstützen, damit du wachsen und lernen kannst.

Etwas später in diesem Buch werden wir dir zeigen, wie du die negativen Urteile in eine Wachstumschance transformieren kannst.

Aber jetzt wollen wir erst einmal einfach nur die Stimmen der Scham, die harten Urteile identifizieren.

Übung

Lass dir einen Moment Zeit und schau, ob du die Stimmen in deinem Kopf identifizieren kannst, wenn du eine Niederlage oder Ablehnung erfährst oder erfahren hast.

Diese Stimmen sind vielleicht die ganze Zeit da, aber sie werden gewöhnlich sehr viel lauter und störender, wenn wir einen Rückschlag erleiden.

Schreibe sie auf.

Setze eine Zahl neben jede Aussage von 1 – 10 und ordne die Aussagen danach, wie sehr du glaubst, dass diese Stimme die Wahrheit sagt (10 für den größten Wahrheitsgehalt).

Nimm wahr, welchen Einfluss diese Stimme auf deine Energie und dein Verhalten hat.

6

Schamverhalten

Nun wollen wir einen Blick auf das Verhalten werfen, das eine direkte Folge von Scham ist. Wenn wir uns schämen, hat das nicht nur Einfluss darauf, wie wir uns fühlen und was wir denken, sondern es wirkt sich auch auf unser Verhalten aus und darauf, was wir wählen und welche Entscheidungen wir treffen.

Das nennen wir „Schamverhalten".

Schamverhalten ist nicht das Gleiche wie Kompensation. Wenn wir kompensieren, versuchen wir, die Scham zu vermeiden.

Wenn Scham unser Verhalten bestimmt, sind wir genötigt, uns so zu verhalten, wie wir im Folgenden beschreiben werden, denn die Scham zwingt uns, uns so zu verhalten.

> Anna vergleicht sich immer noch mit ihrer jüngeren Schwester. Sie hatte immer das Gefühl, dass ihre Schwester hübscher und intelligenter war und leichter Kontakt mit anderen knüpfte als sie selbst. Es kam ihr so vor, als würden ihre Eltern die Schwester vorziehen und als Folge daraus versuchte sie die ganze Zeit, sich den Eltern gegenüber zu beweisen. Sie war sehr gut in der Schule und wurde eine erfolgreiche Basketballspielerin. Sie bekam aufgrund ihrer sportlichen Leistungen ein Stipendium für ein renommiertes College,

aber sie fühlte trotz ihrer Erfolge, dass sie in den Augen der Eltern ihrer Schwester unterlegen war. Immer wenn sie zu Hause ist, versucht sie zwanghaft, ihren Eltern mit ihren Erfolgen zu imponieren.

Konkurrieren/Rivalisieren ist eine der giftigsten Verhaltensweisen, die von Scham angetrieben wird. Du musst dich zwanghaft vergleichen, wenn du unter Schamgefühlen leidest und ob du besser oder schlechter abschneidest, macht keinen Unterschied. Konkurrenzverhalten wird von der Idee angetrieben, dass dein Wert sich nach einem äußeren Maßstab bemisst.

Adrian hatte sich an einer renommierten Universität beworben, um Medizin zu studieren, was er unbedingt wollte. Als er sich vorstellen sollte, hoffte er, dem Arzt zu imponieren, der das Interview mit ihm führen sollte, aber er war auch extrem nervös und unsicher. Als er ankam, bemerkte er, dass eine Videokamera installiert war, um das Interview aufzunehmen. Als er den Raum betrat, in dem das Interview stattfinden sollte, stolperte er aus Versehen über das Kabel zur Kamera, was dazu führte, dass die Kamera umkippte, auf den Boden fiel und kaputtging. Er fühlte sich dafür so schuldig, dass er den Raum gleich wieder verließ, ohne das Interview überhaupt zu beginnen.

Oft bringt dich deine Scham dazu, etwas, was du wirklich möchtest, zu sabotieren, zu beenden oder nicht einmal zu beginnen. Kleine Rückschläge oder Enttäuschungen können dich leicht davon überzeugen, dass du ebenso gut gleich aufgeben kannst.

Victor hatte sich im Umgang mit Frauen immer unbeholfen gefühlt und insbesondere, wenn er eine Frau sexuell attraktiv fand. Er verurteilte sich selbst als Computerfreak und fand sich nicht besonders sexy, sondern langweilig und meinte, er hätte nichts Interessantes von sich zu geben. Vor kurzem fand er eine Frau attraktiv, die in derselben Firma arbeitet wie er. Er war so mutig sie zu fragen, ob sie mit ihm ausgehen wollte, und zu seiner Überraschung sagte sie Ja. Aber als sie dann zusammen waren, fühlte er sich linkisch, schüchtern und tat sich schwer, etwas zu sagen. Er versuchte, Konversation zu betreiben, aber es fühlte sich erzwungen an. Beim Essen trank er mehrere Gläser Wein, in der Hoffnung, dass ihn das entspannen und interessanter machen würde. Aber es bewirkte nur, dass ihm schlecht wurde. Am Ende des Essens musste er sich entschuldigen, ging auf die Herrentoilette und übergab sich dort. Er war nicht überrascht, als sie eine zweite Einladung für ein Treffen ablehnte. Innerlich hatte er bereits erwartet, dass er abgewiesen werden würde.

Dass du dich im Kontakt mit anderen unzulänglich fühlst und dich dein Schamgefühl übermannt, insbesondere wenn du mit jemandem zusammen bist, den du attraktiv findest, kann dazu führen, dass du dann Dinge sagst oder tust, die du wirklich nicht sagen oder tun willst. Es ist jenseits deiner Kontrolle.

Die Stimmen der Scham sagen dir, dass es keinen Grund gibt, warum dich derjenige, den du attraktiv findest, ebenfalls attraktiv, sexy oder interessant finden könnte. Mit dieser Einstellung lösen wir selbst aus, dass wir abgelehnt werden.

Aufgrund unserer Scham finden wir uns vielleicht in einer Beziehung mit jemandem wieder, der uns respektlos behandelt oder sogar missbraucht, ohne dass wir in der Lage wären, Grenzen zu setzen oder ihn zu verlassen.

Helena im vorigen Kapitel ist ein gutes Beispiel für diese Art von Schamverhalten. Sie akzeptiert, dass ihr Freund sie missbraucht, weil sie vielleicht fühlt, dass er ein Recht dazu hat, dass sie es verdient, dass er sie egoistisch und dumm nennt. Es kommt ihr nicht einmal in den Sinn, eine Grenze zu setzen, wenn sie so behandelt wird. Aufgrund ihrer Scham hat sie ihres Empfindens nach kein Anrecht darauf, freundlich und mit Respekt behandelt zu werden. Sie ist froh, ihren Freund zu haben, trotz seines aggressiven Verhaltens. Wenn er sie tagelang nicht angerufen hat, dann ruft sie ihn an, obwohl sie weiß, dass sie sich wie ein Bettler verhält. Sie sagt, sie hat sich nicht unter Kontrolle.

In gewisser Hinsicht kann es eine Wiederholung dessen sein, wie du in deiner Kindheit behandelt worden bist, aber auch, wenn du dir deiner Geschichte bewusst bist, kann es dir passieren, dass du dich von Partnern angezogen fühlst, die dich schlecht behandeln. Du lässt es zu, dass dich jemand respektlos behandelt und kannst den Mut nicht aufbringen oder es kommt dir nicht einmal in den Sinn, dass du Grenzen setzen könntest. Was schlimmer ist, du erniedrigst dich selbst.

Es ist, als wenn dich deine Gefühle trügen, weil du von jemand angezogen wirst, der nicht gut für dich ist. Oftmals kommt es dir nicht einmal in den Sinn, dass du für dich einstehen könntest, weil du nicht verstehst, dass du schlecht behandelt wirst.

Wenn jemand wiederholt vernachlässigt oder respektlos behandelt worden ist, fängt er oder sie im Innern an zu glauben, dass das Leben so ist, dass er oder sie immer so behandelt werden wird, und dass er oder sie es verdient, so behandelt zu werden.

Das Schwierigste an diesem Verhalten ist, dass wir uns vor lauter Scham von jemandem angezogen fühlen oder uns in einer Beziehung mit einem Partner wiederfinden, der emotional nicht offen für uns ist.

Susan aus dem letzten Kapitel zeigt diese Art von Verhalten, das von Scham bestimmt ist. Sie fühlt sich von jemandem angezogen, der nicht wirklich an ihr interessiert ist, und sie ist fasziniert von ihm und unglücklich verliebt, während ihr Partner nur eine lockere, freundschaftliche, sexuelle Verbindung sucht.

Wie bereits erwähnt, nennen wir das „die Scham herausfordern“, denn unbewusst suchen wir nach jemandem, der uns als Mensch oder Mann oder Frau bestätigt. Wir fühlen uns von jemandem angezogen, der der Vorstellung von demjenigen entspricht, der wir gern sein wollen.

Mit anderen Worten sagen wir uns „Wenn ich der Mann (die Frau) wäre, der (die) ich meiner Ansicht nach sein sollte, dann würde sich diese Art von Frau (Mann) von mir angezogen fühlen." (Paradoxerweise würdest du dich nicht einmal von solch einem Menschen angezogen fühlen, wenn du dich kennen und akzeptieren würdest, wie du bist.)

In diesem Fall wirst du unweigerlich abgewiesen werden, denn du handelst nicht aus dem Gefühl heraus, wertvoll, liebenswert, attraktiv und interessant zu sein. Du fühlst und glaubst genau das Gegenteil, du schämst dich und meinst, dass du nicht gut genug bist.

Es ist wie bei einem Film, bei dem das Ende schon voraussehbar ist. Der oder die andere nimmt diese Schwingungen wahr und verhält sich deinem Drehbuch entsprechend.

> Nathan gibt zu, dass er schon immer besessen davon war, was andere von ihm denken. Sein Fokus liegt nie bei sich. Wenn er mit Freunden ausgeht, denkt er die ganze Zeit daran, ob er dazupasst, ob sie ihn mögen und ob sie ihn als „einen von ihnen" betrachten. Er fühlt, dass er oft etwas sagt, um den anderen zu imponieren. Aber statt deren Zustimmung und Respekt zu bekommen, erfährt er das Gegenteil. Sie machen häufig Witze über ihn und er fühlt sich erniedrigt. Hinterher fühlt er sich furchtbar und bekommt eine schreckliche Scham-Attacke, überzeugt davon, dass er langweilig ist, zu viel redet und dämliche, uninteressante Dinge sagt.

Ein Großteil der Scham liegt darin, dass es dir übertrieben wichtig ist, was andere von dir denken. Leider bist du nicht in deiner Mitte, wenn sich deine Aufmerksamkeit nicht auf dich selbst richtet, und egal wie du dich dann verhältst, dein Verhalten wird von Scham bestimmt sein, und das wird deine Schamgefühle nur noch verstärken.

Übung

Wenn du dein Leben betrachtest, erkennst du dein Verhalten wieder in dem, was wir gerade beschrieben haben?

- Fällt es dir schwer, Grenzen zu setzen?
- Kommt es vor, dass du Dinge sagst, nur um anderen zu imponieren und Aufmerksamkeit zu bekommen?
- Passiert es dir, dass du dich von Menschen angezogen fühlst, die deinen Wert nicht erkennen oder die dich nicht als Mensch wahrnehmen?
- Findest du dich in Beziehungen mit Menschen wieder, die dich respektlos behandeln?
- Isolierst du dich manchmal aus Schüchternheit oder weil du unsicher bist?
- Fängst du manchmal etwas nicht an oder äußerst dich nicht, weil du Angst hast zu versagen, kritisiert, erniedrigt, verurteilt oder abgewiesen zu werden?
- Lässt du dich ziemlich leicht entmutigen?
- Kommt es vor, dass du jemandem hinterherläufst, um Liebe und Aufmerksamkeit zu bekommen?

7

Das wahre Selbst

Wenn du bereit bist, Kontakt mit dem Teil von dir auf der mittleren Etage aufzunehmen, der sich schämt, und ihn näher zu erforschen, wird automatisch ein Kontakt zum Erdgeschoss entstehen.

Vielleicht sieht es zunächst nicht danach aus, aber um zu heilen, muss man eine Reise machen, und sie beginnt in der mittleren Etage damit, dass wir erst einmal den Teil von uns, der sich schämt, näher kennenlernen, und sie endet dort, wo wir im Erdgeschoss zu unserem wahren Selbst finden.

Ein kleines Kind hat ein wesentliches Grundbedürfnis nach Anleitung und Unterstützung. Aber noch wichtiger ist, dass ein kleines Kind ein Grundbedürfnis danach hat, gesehen und bestätigt zu werden. Es ist sehr selten, dass wir bereits in ganz jungen Jahren wissen, wer wir sind.

Ohne Anleitung verlieren wir unser Sein aus den Augen und beginnen, den Plänen zu folgen, die andere für uns haben. Und die haben nichts mit dem zu tun, wer wir sind – unsere Eltern haben Pläne für uns und die Gesellschaft ebenso: es gibt kulturelle Erwartungen, religiöse und moralische Einstellungen und Regeln dafür, was als Erfolg zählt. Damit werden wir in jungen Jahren, wenn wir noch unschuldig sind, konditioniert und das hält uns davon ab, unsere eigene Wahrheit zu entdecken und herauszufinden, was wir selbst wollen.

Diese Pläne führen dazu, dass wir werden, wer wir nicht sind.

Wenn wir die Erwartungen der anderen erfüllen, verlieren wir uns selbst, und wenn es uns nicht gelingt, sie zu erfüllen, schämen wir uns.

Ohne die Liebe, Bestätigung und Anerkennung der „Großen" dafür, wer du bist und was aus dir werden kann, verlierst du den Kontakt mit deinem wahren Selbst.

So entsteht Scham.

In Wahrheit bist du einzigartig und trägst ganz besondere und wertvolle Gaben in dir, mit denen du diese Welt bereichern kannst.

Das Potenzial ist vorhanden, die Impulse sind da, aber damit sich dieses Potenzial entfalten kann, muss ein Elternteil oder ein Lehrer es erkennen, sehen und fühlen und dich darin unterstützen, es auszubauen.

Leider erkennen die meisten Eltern und Lehrer deine Einzigartigkeit nicht. Sie haben Pläne für dich, ein bestehendes Skript, und ihre Bemühungen richten sich darauf, dass du ihre Pläne umsetzt und nach ihrem Skript lebst. Wenn du sehr, sehr stark bist, widersetzt du dich vielleicht diesem Druck und rebellierst.

Aber die meisten Kinder haben dieses innere Wissen nicht und rebellieren nicht, und selbst wenn sie es tun, wird ihre gesunde Rebellion meistens niedergemacht und verwandelt sich in Selbstdestruktivität.

Es erfordert eine Menge Mut, um nach deiner Wahrheit zu fahnden und sie näher zu untersuchen und das in Frage zu stellen, was man dich gelehrt hat. Es braucht Mut, um vom beschämten Ich zu deinem wahren Selbst zu kommen. Wenn du mutig und entschlossen bist und darin angeleitet wirst, kannst du dein wahres Selbst aber wiederentdecken.

Vielleicht erkennst du diesen Teil von dir, wenn du kreativ bist, tanzt, Sport treibst, Liebe machst, mit einem Kind oder einem Tier zusammen bist oder wenn du dich liebevoll um jemanden kümmerst. In diesen Augenblicken erfährst du, wie es sein kann, wenn du wirklich im Fluss bist und mit der schönen Seite des Lebens in Kontakt, vielleicht kommen deine einzigartigen Talente zum Vorschein, du öffnest dein Herz und erlebst einen Moment lang inneren Frieden.

In diesen Augenblicken brauchst du keine Bestätigung oder Anerkennung von anderen, sondern bist im Einklang mit dem, was du in deinem tiefsten Innern als deine Wahrheit kennst. Es gibt weder Dramen noch die Höhen und Tiefen von Emotionen – das Leben erscheint bemerkenswert normal, einfach und natürlich. Und dann ist dieses Gefühl von einem Moment zum anderen wieder weg, und du bist wieder voller Scham und Selbstzweifel und machst dir Sorgen.

Das Ziel dieser Reise ist es, dieses wahre Selbst für längere Zeit zu erleben und nicht nur für einen kurzen, vergänglichen Moment. Das Ziel ist es, den Teil in dir zu finden, der tiefer, beständiger und verlässlicher ist und sich echt anfühlt und im Fluss ist. Ein Ziel ist es auch, dir bewusst zu werden, dass das Gefühl der Scham – die beschämte Identität – nicht echt ist.

Sie ist nicht dein wahres Selbst.

Es ist hilfreich für dich, wenn du merkst, wie es sich anfühlt, wenn du wieder zuhause in dir, in deinem wahren Selbst, angekommen bist. Dann ist da ein Gefühl von Leichtigkeit und Freude und du spürst, dass der Körper im Fluss ist.

Übung

1. Kannst du dich an eine Gelegenheit erinnern, in der du dich kürzlich im Fluss gefühlt hast, lebendig, in Übereinstimmung mit dem Leben und dir selbst?

- Was hast du da gerade getan?
- Wie hat sich diese Erfahrung in deinem Innern angefühlt?
- Was für Gedanken hattest du in diesem Moment?

2. Welche Verhaltensweisen kannst du benennen, die dir helfen, mit deinem wahren Selbst in Kontakt zu kommen?

3. Welche Menschen gibt es in deinem Leben, die dich darin unterstützen könnten, dein wahres Selbst zu leben?

- Was haben diese Menschen, das dir hilft, echt zu sein?
- Was tun oder sagen sie (oder was tun und sagen sie nicht), das dir hilft, echt zu sein?

8

Die Ursachen von Scham

Wenn wir uns schämen, glauben wir in den meisten Fällen „so bin ich, ich war schon immer so und ich werde nie anders sein". Immer wenn wir von Scham übermannt werden, sind wir uns nicht bewusst, dass die Realität auch anders aussehen könnte.

Wenn wir anfangen, uns mit der Scham zu identifizieren, können wir uns nicht vorstellen, dass Scham ein erworbener Zustand ist, sondern wir glauben wirklich, dass wir so geboren sind.

Das ist nicht der Fall.

Ein Kind leidet nicht von Geburt an an lähmender Unsicherheit, unerklärlichen Ängsten und einem Mangel an Inspiration und Selbstvertrauen. All das entsteht durch unser Umfeld und unsere Erziehung und für jeden von uns sieht das unterschiedlich aus.

Die individuelle Art und Weise, in der du gelernt hast, dich zu schämen, ist deine Geschichte der Scham.

Ein wesentlicher Schritt auf dem Weg dahin, von deiner Scham geheilt zu werden, besteht darin, deine Geschichte der Scham zu kennen – zu wissen und zu fühlen, wie du erniedrigt und von deinem wahren Selbst abgelenkt worden bist.

Wir fangen an, mehr über Scham zu verstehen und laden dich ein, dir ein paar tiefe und wichtige Fragen zu stellen:

- Kannst du dich an Gelegenheiten in deiner Kindheit oder in deiner Jugend erinnern, bei denen du dich von deinen Eltern, deinen Lehrern oder anderen Kindern erniedrigt gefühlt hast?
- Hast du dich als Kind willkommen gefühlt in deiner Familie, haben deine Eltern Zeit mit dir verbracht oder hat ein Elternteil oder haben beide Elternteile dich verlassen?
- Kannst du dich erinnern, dass deine Eltern deine Privatsphäre missachtet haben?
- Bist du als Kind geschlagen worden?
- Hat ein Erwachsener deine sexuellen Grenzen überschritten, als du Kind warst, direkt oder in Formen von Vorschlägen und Neckereien?
- Haben deine Eltern dich stark unter Druck gesetzt und erwartet, dass aus dir etwas werden muss?
- Haben deine Eltern erwartet, dass aus dir etwas wird, was sie für richtig und wichtig halten, was dir aber überhaupt nicht lag?
- Bist du darauf konditioniert/getrimmt worden, eine bestimmte Rolle in deiner Familie zu übernehmen, wie sich zu kümmern, den Clown, Helden, Überflieger zu spielen, oder den, mit dem man Mitleid hatte?
- Hattest du als Kind strikten und rigiden Regeln Folge zu leisten oder warst du religiöser Konditionierung ausgesetzt?
- Gab es Familiengeheimnisse?
- War einer deiner Elternteile alkohol- oder drogenabhängig?
- Erinnerst du dich daran, kritisiert worden zu sein, oder hat man dich mit jemand anderem verglichen?

Diese Fragen sollen dir helfen herauszufinden, was unter Umständen dazu geführt hat, dass du dich schämst. Wir wollen uns jetzt die wichtigsten Ursachen ansehen, die in der Kindheit zu Scham führen. Einige von ihnen hast du vielleicht nicht selbst erlebt, aber wenn du die Liste durchgehst, kannst du sehen und fühlen, welche den Erfahrungen deiner Kindheit entsprechen.

1. Erniedrigung

Eine der am weitesten verbreiteten Ursachen für Scham ist die Erniedrigung. Wir sind hochsensible Wesen. Wenn deine Integrität nicht respektiert wird, entwickelst du ein Gefühl von dir selbst, das besagt, dass du keinen Respekt verdienst. Mit diesem geringen Selbstwert wirst du dann später im Leben dazu einladen, dass andere dich ständig respektlos behandeln. Als Kind oder Jugendlicher bist du unter Umständen auf viele verschiedene Arten erniedrigt worden.

> Alicia hat schon immer Probleme mit ihrem Übergewicht. Schon als Kind und als Jugendliche und auch jetzt als Erwachsene. Ihre Mutter hat ihr Schamgefühle verursacht und ihr gesagt, dass Männer keine dicken Frauen mögen und dass sie nie einen Mann finden würde, der sie liebt, wenn sie nicht ihr Übergewicht loswerden würde. Ihre Mutter drängte sie die ganze Zeit abzunehmen und zwang sie, verschiedene Diäten auszuprobieren und sogar Schlankheitspillen zu nehmen.
> Diese ganze Erniedrigung und der Druck hatten die entgegengesetzte Wirkung, und sie nahm immer mehr zu und fühlte sich immer unzulänglicher. Dass sie zuviel aß, war eindeutig ein Symptom für die Angst, die sie fühlte, weil ihre Mutter sie mit so strengem Blick musterte, und für die ständigen Konflikte, die es zu Hause zwischen ihren Eltern gab. Aber es gab niemanden, der ihr das erklärt hätte und sie gab sich selbst die Schuld dafür, dass sie nicht in der Lage dazu war, abzunehmen und dass sich ihre Eltern stritten.

Vielleicht bist du zu Hause oder in der Schule erniedrigt oder gemobbt worden. Vielleicht hast du Erinnerungen daran, wie du dich in der Schule isoliert gefühlt hast und nicht dazugehörtest oder wie andere Schüler dich geärgert haben. Oder vielleicht hat dich ein Lehrer vor der Klasse schlecht behandelt und du hast dich geschämt.

So ging es Michael. Er wurde gehänselt, weil er sehr klein für sein Alter und schüchtern war. Michael schämte sich zu sehr, als dass er es seinen Eltern erzählt hätte, aber als er sieben Jahre alt war, begann er schwer zu stottern. Diese Behinderung verstärkte das Mobbing nur noch. Er verurteilte sich stark dafür, dass er nicht gegen die Jungs antreten konnte, die ihn mobbten. Er hatte niemanden, mit dem er hätte reden können und fühlte sich immer wertloser und unzulänglicher.

2. Druck, Erwartungen und Vergleiche

Es ist auch erniedrigend, wenn deine Eltern oder deine Umgebung Druck ausüben, Erwartungen haben und dich mit anderen vergleichen, um dich zu zwingen, etwas zu werden oder zu erreichen. Oftmals haben diese Erwartungen nichts mit dir zu tun. Als Kind brauchst du Unterstützung, um herauszufinden, wofür du im Leben eine Leidenschaft hast.

Du brauchst Erwachsene, die so feinfühlig sind und sich so auf dich einstimmen können, dass sie deine Gaben erkennen und dich zu dem ermuntern können, für das du dich begeisterst.

Christian hatte einen strengen Vater, der von ihm erwartete, dass er seine hohen Erwartungen erfüllte. Wenn er nicht mit hervorragenden Zeugnissen nach Hause kam, bestrafte ihn der Vater, indem er tagelang nicht mit ihm sprach. Er wollte, dass sein Sohn Arzt werden würde wie er selbst, und alle anderen Berufe sah er als minderwertig an. Christian studierte dann wirklich Medizin, um die Anerkennung seines Vaters zu gewinnen, aber er war nie wirklich mit dem Herzen dabei. Seine Leidenschaft war tischlern und ausgefallene Möbelstücke zu designen. Am Ende brachte er den Mut auf, das Medizinstudium abzubrechen und seinen Traum zu verfolgen, aber im Innern fühlte er, dass er seinen Vater enttäuscht hatte. Er trug immer noch die Werteskala seines Vaters in sich und so konnte er seinen neuen Beruf nicht wirklich genießen und stolz darauf sein.

3. Körperlicher und emotionaler Missbrauch

Heute wissen wir, dass jede Art körperlicher Gewalt dazu führt, dass ein Kind tiefe Schamgefühle entwickelt. Als Kind hast du nur Liebe empfunden und ganz natürlich hast du versucht, eine liebevolle Bindung zu deinen Eltern aufzubauen, so wie alle Kinder es tun. Aber wenn du von einem oder beiden Elternteilen Gewalt erfahren hast, ist das sehr verwirrend. Dann fragst du dich: „Kann jemand, der mich liebt, mir auch körperlich wehtun?" Die einzige Art, wie du das verstehen kannst, ist, dir selbst die Schuld dafür zu geben und zu glauben, dass du jemand bist, der es verdient, so behandelt zu werden.

> Dominic hatte große Angst vor seinem Vater wegen dessen Wut und weil der die Angewohnheit hatte, zu explodieren und herumzuschreien. Am Esstisch machte sich sein Vater über ihn lustig, wenn er erzählte, dass er in der Schule ängstlich und unsicher war. Sein Vater sagte auch oft, er solle aufhören, sich wie ein Mädchen zu benehmen. Trotzdem wollte er unbedingt die Anerkennung und Liebe seines Vaters gewinnen. Wenn sein Vater in der Garage arbeitete, ging er dorthin und fragte, ob er ihm helfen könnte. Wenn der Vater ihm etwas zu tun gab, wurde dieser ungeduldig und schlug seinen Sohn. Einmal bat der Vater ihn, einen Schraubenzieher zu holen und als er mit einem anderen Schraubenzieher zurückkam, als der Vater hatte haben wollen, schlug er Dominic damit ins Gesicht. Dominic bekam das Gefühl, dass er nichts richtig machen konnte. Er hat immer noch Angst vor Autoritäten und er verurteilt sich als „Waschlappen". Der Vater hat Dominics Willen weitgehend gebrochen.

Wenn wir so eine Geschichte hören, werden wir vielleicht wütend und der kleine Junge tut uns leid. Aber wir vergessen leicht, wie oft unser eigener Wille, unsere eigene Neugierde, unser Enthusiasmus und unsere Freude zerstört worden sind, indem sie lächerlich gemacht oder indem Gewalt angewendet wurde.

4. Sexueller Missbrauch

Eine Erfahrung, die sehr starke Schamgefühle hervorruft, ist, als Kind von einem Erwachsenen sexuell missbraucht zu werden.

Sexueller Missbrauch findet nicht nur statt, wenn ein Erwachsener wirklich Geschlechtsverkehr mit einem Kind hat, sondern auch dann, wenn ein Erwachsener einem Kind lustvolle Blicke zuwirft, das Kind als Sexobjekt benutzt oder sexuelle Kommentare oder Witze macht. Obwohl viele Menschen die Scham, die dies verursacht, herunterspielen oder leugnen, sind die Erniedrigung und die negativen Konsequenzen dieses Traumas überwältigend.

Andreas Vater begann sie sexuell zu missbrauchen, als sie fünf Jahre alt war, und der Missbrauch setzte sich über fünf Jahre fort. Der Vater sagte zu ihr, dass das ein Geheimnis zwischen ihnen beiden war und sie es nicht der Mutter erzählen sollte. Als Teenager distanzierte sie sich von ihren Eltern, wurde sexuell aktiv, als sie dreizehn war und zog mit sechzehn von zu Hause aus und lebte allein. Sie wusste, dass der Missbrauch stattgefunden hatte, fühlte aber, dass sie das hinter sich gelassen hatte. Sie kleidete sich provozierend und hatte keine Probleme, Männer anzuziehen. Sie fand nicht, dass sie Probleme mit ihrem Sexualleben hatte. Aber nachdem sie geheiratet und drei Jahre mit ihrem Mann zusammengelebt hatte, veränderte sich etwas. Ihr Mann fühlte sich von ihrer sexuellen Aggression eingeschüchtert und war unsicher, ob er ihre starken sexuellen Befürfnisse befriedigen konnte.

Dies führte dazu, dass sie sich gemeinsam in Therapie begaben, und sie ließ sich darauf ein, an dem Missbrauch zu arbeiten. Sie begann zu sehen, wie sehr sie ihren Körper und ihre Sexualität verurteilte. Sie fühlte sich schmutzig und hasste sich dafür, Erregung gespürt zu haben, als ihr Vater sie berührt hatte. Sie hatte auch das Gefühl, ihre Mutter betrogen zu haben.

Es half ihr, als sie erfuhr und verstand, dass ihre Gefühle klassische

Missbrauchssymptome waren und dass es Zeit brauchen würde, die Wunden zu heilen.

5. Einschränken der natürlichen Grundfreiheiten des Kindes

Schamgefühle entstehen auch, wenn ein Elternteil in die Privatsphäre des Kindes eindringt, sein oder ihr Tagebuch liest, sich besitzergreifend oder kontrollierend verhält und sich in die privaten Angelegenheiten des Kindes einmischt.

Jeder Mensch muss fünf wesentliche Grundfreiheiten entdecken und entfalten können – die Freiheit zu denken, zu fühlen, zu wollen, zu träumen und zu glauben, was er oder sie möchte.

Gesunde Eltern werden ihr Kind darin unterstützen, diese Grundfreiheiten zu entfalten. Es verursacht starke Schamgefühle, wenn dir, statt Unterstützung für deine Impulse zu erfahren, aufgedrängt wird, was du glauben sollst. Wenn du vorgegeben bekommst, was du zu denken hast und welche Gefühle und welches Verhalten angemessen sind.

So werden dir die fünf Grundfreiheiten genommen und du weißt nicht mehr oder vertraust nicht länger auf das, was du denkst, fühlst, spürst, wie du dich verhältst oder woran *du* glaubst.

Vielleicht kannst du dir darüber Gedanken machen, wie diese fünf Grundfreiheiten in deiner Kindheit unterdrückt und nicht gestärkt wurden. Was solltest du denken und glauben? Wie wurde deine Spontaneität unterbunden? Wurden deine Gefühle unterstützt oder wurden einige davon nicht respektiert?

6. Vernachlässigung

Als Kind musst du spüren, dass du ein besonderer und einzigartiger Mensch in deiner Familie und willkommen bist. Und man muss dir Zeit widmen und individuelle Aufmerksamkeit zukommen lassen. Wenn du jedoch fühlst, dass deine Eltern, als du Kind warst, nie Zeit für dich oder kein Interesse an dir haben, es ihnen eine Last ist, sich um dich zu kümmern, sie keine Zeit mit dir verbringen und dir nicht helfen, deine

Einzigartigkeit zu spüren, dann beginnst du innerlich zu schrumpfen.

Oder falls du eines von vielen Kindern bist und die Zeit, die nur dir gewidmet werden sollte, geteilt werden muss und allen Kindern gehört, kann das auch missbräuchlich sein und zu Vernachlässigung führen. Vielleicht fängst du an, um Liebe und Aufmerksamkeit zu betteln, und fühlst dich dadurch sehr erniedrigt. Und das führt zu Problemen in deinen späteren Beziehungen.

7. Dazu erzogen werden, eine Rolle zu übernehmen

Ebenso erniedrigend ist es, wenn du in deiner Familie dazu erzogen worden bist, eine bestimmte Rolle zu übernehmen. Denn dann wirst du denken, dass dein Wert als Mensch davon abhängt, wie du diese Rolle erfüllst. Vielleicht bist du derjenige, der sich kümmert oder der in deiner Familie die Verantwortung trägt.

Vielleicht hattest du einen depressiven Elternteil oder du hast dich um Brüder und Schwestern gekümmert und ihnen den Elternteil – evtl. beide Elternteile – ersetzt, da sie ihre Verantwortung nicht übernommen, alkohol- oder drogenabhängig waren. Als derjenige, der sich kümmert, glaubst du heute, dass dein Wert als Mensch davon abhängt, dass du anderen hilfst und dich um alles kümmerst.

Das ist nicht nur eine unerhörte Belastung, andere nehmen es dir auch übel, wenn du denjenigen spielst, der sich um sie kümmert. Und das wird sich stark auf alle deine künftigen Beziehungen auswirken.

Vielleicht bist du der Clown geworden, eine Rolle, die du angenommen hast, weil witzig zu sein und Witze zu machen eine Möglichkeit war, Aufmerksamkeit zu bekommen. Es ist im Grunde eine Kompensation dafür, sich wie ein Versager zu fühlen.

Oder du hast die Rolle des Helden angenommen oder desjenigen, der Höchstleistungen erbringt. Dann hängt es von deinem Erfolg oder deinen Diplomen ab, ob du Liebe bekommst und man dich respektiert. In einer Welt, in der Erfolg den höchsten Wert hat, ist es leicht, in diese Rolle zu rutschen und dann vergisst du leicht, dass dein Wert niemals davon abhängt, was du tust. Du lebst aber unter konstantem Druck, dass du dich selbst oder andere enttäuschen könntest.

Und die Rolle, die vielleicht am stärksten mit Scham behaftet ist, ist die des Opfers oder des verantwortungslosen Kindes.

Vielleicht hast du diese Rolle gespielt, weil du in deinem Innern fühltest, dass du nicht erreichen konntest, was von dir erwartet wurde.

Du hast auf den konstanten Druck und die Angst reagiert, indem du einfach innerlich aufgegeben hast. Du hattest die Hoffnung aufgegeben, Liebe oder Aufmerksamkeit auf positive Weise zu kommen, indem du beweist, dass du ihrer würdig bist. Stattdessen hast du versucht, negative Aufmerksamkeit zu bekommen, indem du krank warst oder andere dazu gebracht hast, Mitleid mit dir zu haben.

Als Opfer scheint alles ein Problem zu sein, du beklagst dich die ganze Zeit und gibst anderen und der Welt die Schuld an deinem Unglück. Diese Rolle ist sehr erniedrigend, aber wenn du sie lange Zeit gespielt hast, ist es schwer, sie aufzugeben. Vielleicht hast du auch angefangen, diese Rolle zu spielen, um eine Bindung zu einem Elternteil herzustellen, der sich in der Rolle des Opfers befand.

Das Problem bei allen diesen Rollen besteht darin, dass du dich im Laufe der Zeit mit ihnen identifiziert hast. Und wenn du erst einmal glaubst, dass du die Rolle bist, dann hast du dich selbst verloren.

8. Mit Negativität, Depression oder Scham infiziert werden

Die letzte Ursache für Schamgefühle, die wir erwähnen wollen, ist die, von einem Elternteil mit Scham, Depression oder Negativität angesteckt zu werden.

> Marias Mutter hatte chronische Depressionen und versuchte zweimal ohne Erfolg, sich mit Schlaftabletten das Leben zu nehmen. Das eine Mal fand Maria sie und rettete sie, indem sie sie schnell ins Krankenhaus brachte. Innerlich befand sich Maria in einem tiefen Konflikt, denn einerseits liebte sie ihre Mutter und wollte sie glücklich

machen, aber andererseits war sie wütend auf sie und hasste sie sogar. Sie ist sich bewusst, dass sie das negative Lebensgefühl ihrer Mutter in sich trägt. Und sie hat das Gefühl, dass, wenn sie ein „guter" Mensch wäre, dann ihre Mutter fröhlich gewesen wäre und sich ihres Lebens gefreut hätte und gern ihre Mutter gewesen wäre.

Als Kind gibst du dir leicht selbst die Schuld für die ganze Traurigkeit und alle Konflikte und Probleme, die um dich herum sind. In dieser Art von Umgebung fühlst du tief in deinem Innern, dass, wenn du irgendwie anders wärst, die Menschen um dich herum nicht so leiden würden, wie sie es tun. Vielleicht machst du dir auch Vorwürfe dafür, dass du die Erwartungen deiner Eltern oder der Gesellschaft nicht erfüllt hast, dass du nicht attraktiv, intelligent, sensibel, lebendig oder mitfühlend genug bist. Und vielleicht machst du dir Vorwürfe, dass du wütend bist.

Viele Menschen haben das Gefühl, dass sie denen vergeben müssen, die ihnen Schamgefühle verursacht haben.

Aber zunächst einmal musst du fühlen, wie tief diese Scham geht. Und wenn du wütend darüber bist, ist das natürlich und gesund! Es ist ein Weg, um deine Liebe zu dir selbst wiederzugewinnen.

Es ist gut, wütend zu sein:

- Weil du vernachlässigt und respektlos behandelt worden bist.
- Weil du erniedrigt worden bist, als du jung warst, um dich zu verteidigen.
- Weil du eine Rolle spielen oder jemand werden musstest, der du nicht bist.
- Weil du mit einem Elternteil aufgewachsen bist, der dem Leben nicht positiv gegenüberstand.
- Weil du Eltern hattest, die sich hinter repressiven religiösen Ideen versteckten.
- Weil du Eltern hattest, die mit ihrem Schmerz und ihren Enttäuschungen nicht auf gesunde Weise umgehen konnten.

Aufgrund dieses Missbrauchs und dieser Vernachlässigung hast du die Verbindung zu deinem Lebenssinn verloren – du hattest keine Möglichkeit, deine Einzigartigkeit zu entdecken und deine Besonderheit als Mensch und von dieser natürlichen Position aus zum Leben beizutragen.

Das ist die Geschichte deiner Scham.

Wut kann dabei helfen, aus der Leblosigkeit und Benommenheit auszubrechen und aufzuwachen und lebendig zu werden.

Wir meinen damit nicht, dass du für immer wütend auf deine Eltern sein sollst für das, was sie getan haben, sondern es geht vielmehr darum, die Energie selbst als Treibstoff zu nutzen, um deine eigene Lebensenergie zu wecken und dir zu helfen, deine Wahrheit zu entdecken.

Viele fragen uns, wie man seinen Lebenssinn findet.

Die drei Qualitäten, die das Leben sinnvoll machen, sind:

- Freude darin entdecken, zu leben.
- Zum Leben beizutragen mit dem, wofür wir eine Leidenschaft empfinden, und mit unserer Kreativität.
  Und am allerwichtigsten ...
- Menschen zu finden, mit denen wir Liebe teilen können.

Um diese drei Qualitäten zu entwickeln, musst du erst einmal lernen, dich selbst wertzuschätzen. Scham zerstört deine Verbindung mit diesen drei Qualitäten, denn du hast aufgehört, dich selbst wertzuschätzen.

Übung
Dir die Geschichte deiner Scham bewusst machen

Lass dir einen Augenblick Zeit, um die Gründe, die wir oben erwähnt haben, Revue passieren zu lassen.

Trifft einer von ihnen auf deine Lebensgeschichte zu:

- Erniedrigung
- Gewalt
- Sexueller Missbrauch oder andere Formen von Grenzüberschreitung
- Druck und Erwartungen
- Dazu erzogen werden, auf eine bestimmte Art zu leben und einen bestimmten Beruf zu ergreifen
- Vernachlässigung
- Eine bestimmte Rolle in der Familie übernehmen
- Die Negativität oder Depression eines Elternteils übernehmen
- Strenge Regeln oder religiöse Erziehung

9

Die Scham fühlen

Es ist wichtig, dass du die Geschichte deiner Scham kennst und dich an Situationen erinnerst, in denen du dich geschämt hast.

Aber es reicht nicht, sie lediglich zu kennen.

Du musst sie auch fühlen.

Häufig denken Leute, dass die Arbeit getan ist, wenn sie die Geschichte ihrer Scham kennen und wissen, wie sie erniedrigt worden sind. Sie denken dann, dass sie jetzt ihr Leben leben können.

Aber der Einfluss, den die Scham auf unser Leben hat, ist tief und heilt nicht allein dadurch, dass man sich ihrer intellektuell bewusst ist.

Was uns hilft, zu heilen und die Scham hinter uns zu lassen, ist, wenn wir diese traumatischen Erlebnisse jetzt mit der Bewusstheit, den Ressourcen und der Kraft eines Erwachsenen wiedererleben können, der zurückblickt und fühlt, wie es wirklich für uns war, als es geschah.

Wenn du daran zurückdenkst, wie du missbraucht, ignorierst, unterdrückt, erniedrigt, verglichen, unter Druck gesetzt worden bist und man von dir erwartet hat, jemand zu werden, der du nicht bist, wirst du das mit einem gewissem Abstand tun – fast so, als wärst es nicht *du*, der das alles erlebt hat. Und manchmal möchtest du denjenigen „vergeben", die dir Schamgefühle verursacht haben, weil du siehst, dass sie ihr Bestes getan haben und es jetzt Vergangenheit ist.

Es ist nichts daran falsch zu vergeben, aber sehr häufig ist es viel zu früh dafür. Du bist nicht wirklich reif, irgendjemandem zu vergeben, bevor du nicht dir selbst vergeben und tiefes Mitgefühl mit dir spürst darüber, dass du dich selbst verloren und sogar betrogen hast.

Damit meinen wir, dass du aus der Perspektive des kleinen, unschuldigen, hilflosen, verletzlichen und vertrauensvollen Kindes gefühlt hast, was für einen Einfluss das hatte, was du erlebt hast. Bis du es wirklich gefühlt hast, wirst du weiterhin ungnädig und kritisch mit dir selbst sein. Genauso, wie du als Kind behandelt worden bist.

Es gibt zwei Möglichkeiten, wie du direkt damit in Kontakt kommen kannst, wie es sich anfühlt, wenn jemand dir Schamgefühle verursacht. Eine Möglichkeit ist die, dich an ein Ereignis zu erinnern, das besonders erniedrigend war und dir dann vorzustellen, dass es dein Kind ist (wenn du ein Kind hast) oder ein anderes Kind, das dieses Trauma erlebt.

- Wie wäre das für dieses Kind?
- Was für ein Gefühl zu sich selbst würde dadurch in diesem Kind entstehen?
- Wie würde das sein oder sein Vertrauen und Selbstvertrauen beeinflussen?

Die andere Möglichkeit ist die, sich an dasselbe oder ein ähnliches Ereignis zu erinnern und dir dich selbst vorzustellen, in dem Alter, in dem du warst, als es passierte.

Dann stell dir die gleichen Fragen:

- Wie wäre das jetzt für dich als Kind?
- Was für ein Gefühl zu dir selbst würde dadurch in dir entstehen?
- Wie würde das dein Vertrauen und dein Selbstvertrauen beeinflussen?

Es ist viel ungefährlicher, lediglich an die Situationen zu denken, bei denen du dich geschämt hast. Viel riskanter ist es, dich wirklich fühlen zu lassen, wie es für dich war.

Die folgende Übung kann möglicherweise viele unterschiedliche Gefühle hervorrufen.

- Vielleicht fühlst du dich erniedrigt – ein Gefühl, dass du dich verstecken möchtest und dich klein fühlst und dir schlecht wird.
- Vielleicht fühlst du dich wie im Schock – ein erstarrtes Gefühl und ein Mangel an Emotionen.
- Vielleicht bist du traurig oder wütend darüber, dass du so schlecht behandelt worden bist.

Übung

Lass dir einen Moment Zeit, um dich an einen bestimmten Augenblick in deiner Kindheit zu erinnern, an dem du erniedrigt, missbraucht, ignoriert oder mit anderen verglichen worden bist.
Nimm ein Ereignis, dass besonders schwierig oder schmerzhaft für dich war.
Stell dir dich damals zu der Zeit vor, als es sich ereignete.
Sei dir gleichzeitig dessen bewusst, dass du jetzt viel stärker bist und dieses Ereignis überlebt hast, sodass du es jetzt fühlen und Bewusstheit erkennen kannst, was es mit dir gemacht hat.
Lass die ganze Szene sich vor deinem inneren Auge entfalten, stell dir die Menschen vor, die damals dabei waren und wo sie sich befanden, im Verhältnis zu dir.
Und jetzt hör oder sieh dir an, was damals dazu geführt hat, dass du dich geschämt hast – Worte oder Taten, und schau, wer sie gesagt oder begangen hat.

Fühl genau, wie es sich für den kleinen Jungen/das kleine Mädchen damals, als es passierte, angefühlt haben muss.

- Wie fühlt sich dieses Kind im Innern?
- Was passiert mit seiner/ihrer Energie?
- Welches Gefühl hat er/sie zu sich selbst?
- Welche Urteile hat er/sie über sich?
- Wie fühlt er/sie gegenüber demjenigen oder denjenigen, der oder die dies tun?

10

Die Kraft der Bewusstheit

Bisher haben wir Folgendes behandelt:

- Vielleicht bist du dir einiger deiner Schamkompensationen bewusst geworden.
- Du hast dir näher angesehen, wie sich diese Scham anfühlt, was du denkst, wenn du dich schämst und wie du dich dann verhältst.
- Du hast ein ungefähres Verständnis für die Geschichte deiner Scham – was genau passiert ist, das Schamgefühle in dir hervorgerufen hat.
- Vielleicht siehst du, wie dein von Scham bestimmtes Bild von dir selbst dein Leben bestimmt hat.
- Du bist zu dem Ereignis zurück, das die Scham hervorgerufen hat, und hast gefühlt, wie dich dieses Erlebnis damals beeinflusst hat.

Jetzt bist du soweit, dass du die praktischen Werkzeuge lernen kannst, wie du Scham in deinem Alltag transformieren kannst. Bei diesem Transformationsprozesses geht es zu allererst einmal darum zu lernen, mit deiner Scham präsent zu sein, wenn sie hochkommt.

Das ist die Kraft der Bewusstheit – der Meditation.

Nicht die Art von Meditation, bei der du still dasitzt (obwohl das auch hilfreich ist). Dies ist die Art von Meditation, bei der du ein stets präsenter, aufmerksamer Beobachter wirst, der seine/ihre Gefühle, Gedanken und Handlungen beobachtet.

Du wirst lernen, die Qualität der Bewusstheit, die Qualität der Meditation dafür zu nutzen, um mit deiner Scham präsent zu bleiben.

Die Kraft der Bewusstheit ist deine Fähigkeit, ein wenig Abstand von dir zu bekommen und alles zu beobachten.

Normalerweise wirst du das wahrscheinlich nicht tun.

Stattdessen lebst du dein Leben eher wie ein Roboter auf Autopilot. Aber sobald du eine beobachtende Qualität in dein Leben bringst, wird sich dein Leben von Grund auf verändern. Plötzlich hast du die Wahl und erlebst ein Gefühl von Freiheit. Wie wir gesehen haben, hat es Auswirkungen auf deine Körperwahrnehmung, deine Gefühle, deine Gedanken und dein Verhalten, wenn du dich schämst.

Mit Bewusstheit kannst du dich jetzt dabei beobachten, wenn du dich schämst. Du kannst beobachten, wie die Scham kommt und wie sie dann deine Sinneswahrnehmung bestimmt und wie sich deine Wahrnehmung der Realität dadurch verändert. Zunächst aber musst du dir bewusst werden, dass du dich schämst. Irgendetwas hat Scham in dir ausgelöst und es ist, als wärest du hypnotisiert. Dies ist der erste Punkt, an dem es gilt, bewusst zu sein.

Manchmal bemerkst du vielleicht, dass Scham von dir Besitz ergriffen hat, weil du ein bestimmtes Körpergefühl hast. Dies ist der zweite Punkt, an dem es gilt, bewusst zu sein. Deine Energie ist plötzlich auf dem Nullpunkt, du bist unmotiviert, fühlst dich hoffnungslos und siehst schwarz, was dein Leben und das Leben im Allgemeinen angeht, und du verurteilst andere oder siehst sie negativ.

Oder du gehst Kompromisse ein, sagst Dinge, die du nicht wirklich meinst, übertreibst, gibst an, lügst, bettelst, rettest jemanden, wirst leicht wütend, isst oder trinkst zuviel, lenkst dich mit fernsehen, Internet oder Shopping ab – Verhaltensweisen, die von Scham bestimmt sind. Dies ist der dritte Punkt, an dem es gilt, bewusst zu sein.

Schließlich fällt dir vielleicht auf, dass du negative Gedanken hast.

Es können Gedanken über dich, über andere oder über das Leben im Allgemeinen sein. Wenn du genau darauf achtest, fällt dir vielleicht auf, dass diese Gedanken gewohnheitsmäßig auftauchen, automatisch und zwanghaft. Du stellst vielleicht fest, dass du diesen Gedanken Glauben schenkst. Das alles ist ein Teil der Scham.

Aber wenn du diese Gedanken mit einem gewissen Abstand beobachtest, kannst du vielleicht langsam feststellen, dass sie nicht immer da sind. Zeitweise siehst du dich selbst, andere und das Leben an sich optimistischer. Aber dann, wenn die Scham dich überrollt, kannst du bemerken, wie diese negativen Gedanken wieder überhand nehmen.

Die Schamgedanken zu beobachten, ist der vierte Punkt, an dem es gilt, bewusst zu sein.

Der letzte Punkt, an dem es gilt, bewusst zu sein, ist sich bewusst zu werden, was deine Scham auslöst. Jetzt, wo du die Geschichte deiner Scham ein bisschen besser kennengelernt hast, weißt du, wofür du dich in der Vergangenheit geschämt hast.

Wenn du heute etwas Ähnliches erlebst, wie zum Beispiel Kritik, negative Urteile, Ablehnung, Niederlagen, wenn du etwas nicht perfekt machst, irgendetwas neu beginnst, eine Grenze setzt oder sonst ein Risiko eingehst, dann wird das höchstwahrscheinlich dein Schamgefühl auslösen. Manchmal wirst du vielleicht nicht in der Lage sein, die direkte Verbindung herzustellen zwischen der Erfahrung in der Vergangenheit, als du dich geschämt hast, und der Erfahrung, die heute dein Schamgefühl auslöst. Aber du wirst wahrscheinlich anfangen zu verstehen, was deine Scham-Attacken auslöst, denn es werden häufig ähnliche Situationen sein, die dazu führen, dass du dich schämst.

Wir nennen diese Situationen „deine Scham-Auslöser".

Auch wenn du deinen Schamgefühlen mit dieser Qualität der Bewusstheit begegnest, deine Körperwahrnehmung beobachtest, während du dich schämst, dein Verhalten, deine Gedanken und den Auslöser der Scham fehlt da trotzdem immer noch eine Qualität.

Das ist die Qualität des Akzeptierens.

Es bedeutet, dich selbst mitfühlend zu beobachten, voller Verständnis und sehr liebevoll.

Ein Kind hat keine andere Möglichkeit als sich zu schämen und es hat weder die Fähigkeiten noch die Ressourcen, das zu verstehen oder zu verhindern. Als Kind haben wir gefühlt, dass wir es verdienten, so behandelt zu werden, und wir hatten nicht die Voraussetzungen uns selbst zu lieben, wenn wir uns schämten.

Heute können wir auf andere Weise mit uns selbst präsent sein.

Wir möchten dich einladen, dich zu beobachten, wenn du dich schämst, so, als würdest du ein tief verwundetes Kind umarmen, vielleicht dein eigenes Kind (wenn du eins hast), das von der Schule nach Hause kommt und sich schämt, unsicher ist und/oder sich erniedrigt fühlt.

Lass es zu, dass dein Herz diesen Teil von dir, der sich schämt, hereinlässt. Liebe ihn und habe Verständnis dafür, dass dieser Teil sehr tief in dir sitzt und sehr alt ist. Er hat enorme Kraft, denn lange hast du dich nur als diesen Teil gesehen und geglaubt, er zu sein.

Schließlich hilft es dir vielleicht, dir zu sagen: „Dies ist ein Teil von mir, der in der Vergangenheit viel erlebt hat, für das er sich geschämt hat. Ich weiß, dass dieser Teil nicht alles ist, was ich bin, und dieser Teil ist auch nicht, wer ich wirklich bin, aber gerade jetzt in diesem Moment steht dieser Teil in meinem Bewusstsein im Vordergrund. Ich werde mich darin üben, diesen Teil zu beobachten und ihn zu lieben und zu verstehen."

Übung

Mache es dir zur Gewohnheit, dir bewusst zu werden, wenn du dich schämst.
Nächstes Mal, wenn du feststellst, dass Gefühle der Unsicherheit, Wertlosigkeit, Minderwertigkeit und Unzulänglichkeit von dir Besitz ergreifen, tritt einen Schritt zurück und sei dir bewusst, dass dies ein verwundeter Teil von dir ist.

Mach die fünf Schritte in Richtung Bewusstheit:

1. Nimm wahr, dass du dich schämst.
2. Nimm wahr, wie sich das im Körper anfühlt.
3. Nimm wahr, wie du dich verhältst, wenn du dich schämst.
4. Nimm wahr, welche negativen Schamgedanken du über dich selbst, über andere oder über das Leben hast.
5. Nimm wahr, was der Auslöser für dein Schamgefühl war. Atme liebevoll in dein Schamgefühl hinein.

11

Umschalten – deinen inneren Richter bezähmen

Wenn du dich schämst, bist du den Angriffen deines inneren Richters ausgesetzt. Manchmal mag es den Anschein haben, als käme die Provokation von jemandem, der dich kritisiert oder ablehnt oder von einem Ereignis oder einer Situation, aber in deinem Innern hat dein innerer Kritiker das Ruder übernommen und überschüttet dich mit negativen Urteilen.

Würdest du selbst dich in dieser Situation nicht verurteilen, dann würde dir das Urteil der anderen nichts ausmachen. Dennoch bist du dir deines inneren Richters vielleicht nicht bewusst, weil du die Urteile so tief verinnerlicht hast.

Teil deines Heilungs- und Gesundungsprozesses von der Scham ist es, sich des inneren Richters bewusst zu werden und zu lernen, mit ihm umzugehen.

Wir entwickeln alle einen inneren Richter, denn das hilft uns, in der Wirklichkeit zu leben. In positiver Hinsicht ermöglicht der innere Richter, uns eine Struktur aufzubauen; er gibt uns Orientierungshilfe, eine Richtung und die Fähigkeit, richtig von falsch zu unterscheiden. Aber der Richter entsteht aus den Wertvorstellungen, Regeln, Konventionen und Ängsten derer, die uns großgezogen haben und der Gesellschaft, in der wir leben. Seine Absicht ist nicht, dass wir ein erfülltes, energetisches, abenteuerliches und expansives Leben leben, sondern eher, uns zu beschützen, sodass wir uns an die Gesellschaft, in der wir leben, anpassen, von ihr respektiert werden und zur Masse dazugehören können.

Oft basiert seine Meinung von uns auch darauf, wie gut wir in dieser wettbewerbsorientierten Welt im Vergleich mit anderen abschneiden.

Das Problem mit dem inneren Richter ist folgendes:

- Die Regeln deines inneren Richters unterdrücken deine Lebensenergie.
- Dein Selbstwertgefühl baut darauf, wie gut du im Vergleich zu anderen abschneidest, und das kreiert kontinuierlichen Stress.
- Nur um der Sicherheit willen zu leben und sich den Regeln der Gesellschaft anzupassen, ist langweilig und wirkt abstumpfend. Es hilft dir nicht, deine einzigartigen Qualitäten, deine Intelligenz und deine Gaben zu entwickeln.
- Die Richtlinien, denen er dich unterwirft, haben wenig oder gar nichts mit dir zu tun oder mit dem Menschen, der du bist.

Dies allein wäre schon schlimm genug. Aber es kommt noch schlimmer, wenn du den Mut hast, dich nicht an die Regeln zu halten, wenn du dich nicht anpasst oder wenn du eine Niederlage erlebst, abgewiesen wirst oder etwas Neues ausprobierst. Dann greift dich der innere Richter wütend an. Und in deinem Schamzustand glaubst du ihm.

Du weißt nicht einmal, dass er dich gerade angreift; du denkst einfach, du bist im Unrecht oder mit dir stimmt etwas nicht. Mit ein wenig Bewusstheit kannst du diesen schmerzhaften Mechanismus ändern, wenn du dich bemühst und ihn verstehst.

Teilweise glaubst du dem inneren Richter deshalb so stark, weil das, was er sagt, manchmal oberflächlich gesehen richtig ist.

Zum Beispiel, wenn du Übergewicht hast, sagt der innere Richter: „Du bist fett!" Das kommt mit einer herzlosen, verurteilenden Energie auf dich zu, und wenn du weiter zuhörst, würde er wahrscheinlich dann sagen: „Du bist unattraktiv, faul, undiszipliniert und wirst nie die Liebe und den Respekt bekommen, die du gern hättest."

Dies ist nur ein Beispiel, aber es ist bei allen Arten von Scham-Attacken, die du durchmachst, das Gleiche.

Wir würden dir gern eine einfache, aber effektive Weise vorschlagen, in der du deinen inneren Richter bezähmen und die Angriffe transformieren kannst.

Wir nennen es, den Sender wechseln, „umschalten".

Du bist es gewohnt, dem harschen, kritischen, verurteilenden, lieblosen inneren Richter zuzuhören – wie einem Radiosender. Wir möchten dir anbieten, auf einen anderen Kanal umzuschalten und etwas anderes zu hören. Diesen neuen Sender nennen wir „die liebevolle Energie".

Lass uns bei dem obigen Beispiel bleiben.

Dein innerer Richter sagt: „Du bist fett!" und dann folgen noch andere Urteile über dich. Die liebevolle Energie sagt vielleicht: „Ja, es stimmt, dass du mehr wiegst als du gern möchtest und was dir angenehm ist. Aber höchstwahrscheinlich hast du das Essen dazu benutzt, um deine Angst zu beruhigen. Diese Angst hast du aufgrund der schmerzvollen Ereignisse deiner Vergangenheit. Und statt dich selbst dafür zu verurteilen, dass du zu viel wiegst, könntest du verstehen, dass es das Essen und dein Körper sind, an denen sich dein Trauma zeigt. Geh sanft und liebevoll mit dir um und mit der Zeit wirst du andere Wege finden, um dich zu beruhigen. Lass uns damit anfangen, einfach nur zu beobachten, wie es sich anfühlt, in diesem Körper zu sein. Vielleicht können wir einen kleinen Schritt machen und unsere Energie regelmäßig bewegen, weil wir dann leichter den Körper spüren. Lass uns herausfinden, wonach du dich wirklich sehnst und was dir fehlt."

Die liebevolle Energie lehrt dich, dich selbst liebevoll zu fühlen. Sie lehrt dich zu verstehen, dass wir vieles, was unintelligent und ungesund ist, nur aus dem Grunde tun, weil wir Schmerz, Angst und Scham in uns haben und weil wir versuchen, tiefe innere Bedürfnisse zu befriedigen.

Sie lehrt dich, dass es immer eine andere Möglichkeit gibt, dich selbst zu sehen, und diese andere Möglichkeit ist die des Herzens, stets liebevoll und voller Verständnis. Da die meisten von uns nie gelernt haben, uns selbst liebevoll zu begegnen, müssen wir das erst lernen.

Uns wurde beigebracht, dem inneren Richter zuzuhören und daraus ist ein Automatismus entstanden. Es erfordert Übung und ständiges sich Erinnern, um vom Radiosender „Innerer Richter" auf den Radiosender „Liebevolle Energie" umzuschalten.

Lass uns noch ein weiteres Beispiel nehmen.

Du hast eine Prüfung gehabt und bist durchgefallen. Höchstwahrscheinlich bist du durchgefallen, weil du dich nicht ausreichend vorbereitet hast.

Der innere Richter sagt: „Siehst du, wie dumm du bist! Du bist nicht mal intelligent genug, um dich auf die Prüfung vorzubereiten. So bist du immer. Du gibst dir keine Mühe. Du bist ein Verlierer, denn du hast einfach nicht das nötige Etwas, um im Leben erfolgreich zu sein. Du benimmst dich wie ein Kind und du erwartest, dass andere sich um dich kümmern. Es wird Zeit, dass du erwachsen wirst!"

Jetzt schalte auf den anderen Radiosender um.

Die liebevolle Energie sagt vielleicht etwa: „Ja, du bist durchgefallen und wahrscheinlich hättest du besser abgeschnitten, wenn du dich besser vorbereitet hättest. Aber es ist klar, dass du dich aufgrund deiner Scham selbst sabotierst. Genau das passiert, wenn man mit Schamgefühlen lebt. Du hast innerlich immer unter Druck gestanden, besser zu sein, dich mit anderen zu vergleichen, hart zu arbeiten und den Respekt deiner Familie zu verdienen, sodass du aufgibst, nur um dem innerlichen Stress zu entkommen. Je mehr du entdeckst, was du wirklich gern tun möchtest, und darauf vertraust, was das Richtige für dich ist, desto leichter werden dir die Dinge fallen, weil dein Herz mit von der Partie ist. Lerne immer mehr, deinem eigenen Herzen zu vertrauen und lass dich von ihm führen."

Die liebevolle Energie nimmt deine Schwierigkeiten mit Verständnis und Tiefe an und findet einen Weg, voller Mitgefühl das anzunehmen, was du an dir selbst verurteilst.

Das wird einen völlig anderen Einfluss auf dich haben als die Angriffe des inneren Richters.

Manchmal wirst du dich von einem Angriff des inneren Richters so angeschlagen und so tief beschämt fühlen, dass du nicht genug Raum dafür hast, den Sender zu wechseln.

In dem Fall magst du vielleicht einen Freund/eine Freundin, dem/der du vertraust, fragen, ob er/sie den Part der liebevollen Energie für dich übernehmen kann und hören, was er oder sie zu sagen hat.

Oder vielleicht machst du einen Spaziergang in der Natur oder tanzt oder tust etwas, das dir hilft, die Lebendigkeit deines Körpers zu spüren.

Übung 1

Das nächste Mal, wenn du merkst, dass du dich schämst und dich selbst verurteilst, probiere die folgenden Schritte aus:

1. Nimm wahr, was dein innerer Richter zu dir sagt.
2. Fühle, welchen Einfluss dieser Angriff auf dich hat und nimm wahr, dass die Urteile lieblos sind und nicht Partei für dich ergreifen.
3. Fühle in dein Herz hinein und stell dir vor, dass dein Herz jetzt die ganze Situation sieht und fühlt.
4. (Wenn dir das nicht gelingt, bitte einen Freund, die liebevolle Energie zu sein.)
5. Nimm wahr, was diese herzliche, liebevolle Energie zu dir sagt.
6. Fühle den Unterschied zwischen dieser Energie und dem Angriff des inneren Richters.

Übung 2

Schreibe dir selbst einen Brief, als wärest du die liebevolle Energie, deine innere Weisheit.
Stell dir vor, dass sie dich sehr gut kennt und in der Lage ist, dir die Unterstützung, Führung und Akzeptanz angedeihen zu lassen, die du höchstwahrscheinlich als Kind vermisst hast.

12

Neues Denken, neue Wahlmöglichkeiten, neue Entscheidungen und neue Gewohnheiten

Jetzt kommen wir zum letzten Schritt, der notwendig ist, um die Scham zu heilen.

Unser Selbstwertgefühl gründet hauptsächlich darauf, wie wir unser Leben leben – was wir denken, welche Entscheidungen wir treffen, wie wir handeln und welchen Gewohnheiten wir nachgehen. Viele unserer Gedanken, Entscheidungen, Handlungen und Gewohnheiten haben sich vielleicht auf Scham gegründet und tun es immer noch.

> Henry ist 45 Jahre und seine Beziehung steckt in der Krise, weil seine Frau genug davon hat, dass er immer „energielos, deprimiert und negativ" ist. Als wir nachfragen, gibt er zu, dass er oft „nicht gut drauf" ist und dass es ihm schwerfällt, aus diesen Tiefs wieder herauszukommen. Wenn er in diesem Zustand ist, erscheint ihm das Leben sinnlos und er sieht fern oder beklagt sich. Er hat diese Einstellung und dieses Verhalten von seinem Vater gelernt und es hat ihn sein ganzes Leben verfolgt.

Henry hat mit seiner Scham gearbeitet, er weiß, woher sie kommt. Er hat seine Vergangenheit unter die Lupe genommen und ist mit seinem verwundeten Teil in Kontakt, in dem diese Negativität sitzt. Aber er verliert sich immer noch in negativem Denken, das dazu führt, dass er deprimiert und energielos wird. Wir haben ihm gesagt, dass es jetzt an der Zeit ist, genau hinzusehen, wenn er negative Gedanken hat und konkrete Schritte zu unternehmen, dem entgegenzuwirken, weil daraus ein sicheres und bekanntes Versteck für ihn geworden ist.

Als erstes haben wir vorgeschlagen, dass er sich seiner negativen Gedanken bewusst wird und sie wirklich aufschreibt.

Als zweites haben wir vorgeschlagen, dass er anfängt, tägliche Rituale zu etablieren, die ihm erlauben, sich gut mit sich zu fühlen, wie zum Beispiel den Tag mit ein paar Übungen und einem gesunden Frühstück zu beginnen.

Als drittes haben wir vorgeschlagen, dass er untersucht, was seinem Leben Sinn verleiht und dass er sich in dieser Richtung ein paar leicht erreichbare Ziele steckt.

Als viertes haben wir ihm vorgeschlagen, einige kleine Schritte in Richtung dieser Ziele zu unternehmen.

Wenn wir uns unserer negativen Gedanken eindringlich bewusst werden und dann eine konkrete positive Handlung unternehmen, um ein lebenswerteres und sinnvolleres Leben zu leben, aktiviert das in der Tat in uns allen das „Ja zum Leben".

Dieses „Ja" ist ein Ort in uns, der das Leben annimmt und der weiß, dass dies die Wahrheit ist. Aber er kann von unseren negativen Scham-Stimmen verdeckt werden wie die Sonne von den Wolken. Wenn wir handeln und uns in Richtung auf das Positive hin bewegen, wird das die Wolken langsam vertreiben.

Lass uns genauer untersuchen, wie negative Gedanken unser Leben bestimmt haben oder vielleicht immer tonangebend sind.

Welche Entscheidungen hast du in deinem Leben getroffen, die auf Scham gegründet waren? Entscheidungen, die du aus der Scham heraus getroffen hast, können sein oder gewesen sein:

- Sich von jemandem angezogen fühlen oder eine Beziehung mit jemandem beginnen, der nicht verfügbar ist oder dich missbraucht.
- In einer Beziehung sein, die nicht erfüllend ist oder in der Missbrauch vorkommt und nicht in der Lage sein, sie zu beenden.
- Einen Beruf wählen oder eine Arbeit tun, die nicht die richtigen für dich sind.
- Einen Wohnort wählen, der nicht der richtige für dich ist.

In welchen Handlungen drückt sich deine Scham aus?

- Respektlos behandelt zu werden, ohne dass du in der Lage wärest, für dich einzustehen.
- Liebe zu machen, so wie es dir nicht gut tut.
- Andere zwanghaft nach ihrer Meinung über dich zu fragen und auf sie zu hören, statt zu lernen, deiner eigenen Weisheit zu folgen.
- Etwas aufzugeben, sobald du ein wenig enttäuscht bist oder eine kleine Niederlage erfährst.
- Etwas nicht zu beginnen, weil es zu schwierig zu sein scheint.
- Etwas zu sagen, das du nicht sagen willst.
- Zwanghaft nach Aufmerksamkeit zu heischen.
- Unehrlich zu sein.
- Zu übertreiben, um andere zu beeindrucken.
- Mehr Geld auszugeben als du verdienst.
- Unerledigte gefühlsmäßige Konflikte mit Leuten zu haben und nichts zu unternehmen, um sie zu klären.

In welchen Gewohnheiten drückt sich deine Scham aus?

- Ungesund oder zu reichlich zu essen und Nahrungsmittel zu wählen, die nicht gesund oder nahrhaft sind.
- Sich nicht zu bewegen oder es zu übertreiben mit dem Training, ohne auf den Körper zu hören.

- Mit Leuten zusammen zu sein, die dein persönliches Wachstum und deine Entfaltung nicht unterstützen.
- Drogen wie Alkohol, Marihuana, Kokain oder verschreibungspflichtige Medikamente zu missbrauchen.
- Stundenlang fernzusehen oder stundenlang im Internet zu surfen oder Spiele zu spielen.
- Süchtig zu sein nach Internet-Pornografie.
- Dich zu isolieren.

Unser Verhalten und unsere Gewohnheiten zu verändern und die Fähigkeit zu entwickeln, gesunde Entscheidungen zu treffen, ist keine leichte Sache. Unser Verhalten und unsere Gewohnheiten basieren auf unserer Scham und sind tief in uns einprogrammiert.

Wenn wir viel Scham in uns haben, versuchen wir häufig, uns selbst zu beruhigen, indem wir zum Beispiel rauchen, zu viel Alkohol trinken oder zu viel fernsehen. Vielleicht wählst du dabei nicht den besten oder gesündesten Weg, um diesem Bedürfnis nachzukommen, aber es ist dennoch wichtig, deinen Entscheidungen, Gewohnheiten und Handlungen mit einer liebevollen Haltung zu begegnen. Versuche zu verstehen, welches Bedürfnis du zu befriedigen versuchst und welche Gedanken es hervorrufen, statt es zu verurteilen.

Bis du genug mit deiner Scham gearbeitet hat, treibt sie dich an und sie kann dir dein Leben aus der Hand nehmen. Es gibt grundsätzlich zwei Herangehensweisen, um negative und selbstzerstörerische Gedanken, Handlungen und Gewohnheiten zu verändern.

Entweder Veränderung „von unten nach oben" oder „von oben nach unten".

„Von oben nach unten" bedeutet, dass du deine Klarheit und Disziplin benutzen kannst, um dein Verhalten, deine Entscheidungen oder Gewohnheiten zu verändern, wenn du dir erst einmal bewusst wirst, welchen Preis du für sie bezahlst und welche positiven Auswirkungen es hätte, wenn du sie verändern würdest.

Diese Herangehensweise ist extrem hilfreich. Aber sie allein reicht nicht aus.

Unsere Handlungen, Entscheidungen und Gewohnheiten verändern sich auch, wenn wir anfangen, unsere Scham zu heilen. Das tust du nicht wirklich, es geschieht. Wir nennen es Veränderung „von unten nach oben". Sie geschieht indirekt als Ergebnis dessen, dass wir mit unserer Wunde der Scham arbeiten.

Hier ist ein Beispiel:

> Elaine war 25 Jahre mit einem Mann verheiratet und zog ihre gemeinsamen drei Kinder fast allein groß, denn als wohlhabender Geschäftsmann war ihr Ehemann selten zu Hause. Er betrog sie regelmäßig, aber sie hatte keine Ahnung, dass er ihr untreu war. Als sie die Wahrheit herausfand, begann für sie ein langer und schmerzvoller Scheidungsprozess. In den sechs Jahren, die darauf folgten, traf sie sich ab und zu mit anderen Männern, aber sie schämte sich zu sehr und hatte zu große Angst, als dass sie sich wirklich auf einen anderen Mann einlassen konnte. Sie begab sich in Einzel- und Gruppentherapie, offenbarte die tiefe Scham, die sie für sich als Frau empfand, und sie konnte sich selbst eingestehen, dass sie sich niemals würdig gefühlt hatte, mit einem Mann zusammen zu sein, der sie wirklich liebte. Vor einem Jahr veränderte sich jedoch etwas. Sie hat sich sehr in einen Mann verliebt, der sie schätzt und der all die Qualitäten hat, die sie immer bei einem Mann gesucht hat. Zum ersten Mal in ihrem Leben fühlt sie, dass sie weiß, was es heißt zu lieben und geliebt zu werden. Sie kann nicht sagen, was sich im Einzelnen verändert hat, aber sie fühlt sich innerlich zutiefst anders. Sie fühlt sich würdig, diese Zuneigung anzunehmen.

> Betty hat seit ihrer Kindheit mit ihrem Gewicht gekämpft. Sie würde gern fünfzehn Kilo abnehmen und hat viele verschiedene Diäten ausprobiert, aber keine hat funktioniert. Sogar strikte Diäten, bei

denen sie keinen Zucker und keine Kohlenhydrate zu sich nahm, haben ihr nur geholfen, eine Zeit lang ein paar Kilo loszuwerden, aber dann nahm sie diese sehr bald wieder zu. Sie hat auch festgestellt, dass diese „von oben nach unten"-Herangehensweise dazu führte, dass sie die ganze Zeit mit Essen und ihrem Gewicht beschäftigt war. Dann tauchte sie tief in die „von unten nach oben"-Methode ein und hat mit ihrer Scham und ihrem negativen Bild von ihrem Körper gearbeitet. Dabei fand sie heraus, dass ihre Essstörung sich als Hilfsmittel entwickelt hatte, um sich selbst zu trösten, denn ihre Kindheit mit einer abwesenden Mutter und einem gewalttätigen Vater war traumatisch gewesen. In den vergangenen zwei Jahren hat sie langsam an Gewicht verloren, obwohl sie ihre Essgewohnheiten nur geringfügig verändert hat.

Du kannst „von unten nach oben"-Veränderungen anregen und unterstützen, indem du dich mit Haut und Haar und mit deiner ganzen Energie wirklich auf diesen inneren Prozess, mit deiner Scham zu arbeiten, einlässt, so wie Elaine es getan hat.

Die Ergebnisse werden sich von selbst allmählich, aber deutlich sichtbar, in deinem Leben zeigen. Du kannst allerdings keine Ergebnisse vorhersehen oder erwarten, dass sie sich nach einem bestimmten Zeitplan zeigen werden. Veränderungen geschehen auf mysteriöse Weise und oft dann, wenn du es am wenigsten erwartest. Gleichzeitig kannst du dein inneres Wachstum auf jeden Fall unterstützen, indem du Disziplin an den Tag legst und dich bemühst (die „von oben nach unten"-Methode).

Timothy arbeitet in wöchentlichen Therapiesitzungen und in regelmäßigen Abständen in Seminaren mit Krish und Amana. Auf unser Anraten hin hat er auch angefangen, täglich regelmäßig zu trainieren. Entweder er läuft oder er schwimmt oder er macht Spinning. Er sagt, dass er nach seinem Training ein „4-Stunden-Hochgefühl" hat. Er fühlt sich besser mit sich, weil er etwas Disziplin in sein Leben gebracht hat, er hat mehr Energie in seinem Körper und er sagt auch, dass er jetzt durch das Training auch mehr Raum spürt und eher in der Lage ist, seinen verwundeten Teil in verschiedenen Lebenssituationen zu beobachten und zu fühlen. Er geht auch das Risiko ein, mehr Zeit allein zu verbringen, statt automatisch mit Freunden auszugehen, etwas zu trinken und seine Zeit in Gesellschaft zu verbringen.

Die „von oben nach unten"-Methode beinhaltet:

- Disziplin einzuführen und neue gesunde Gewohnheiten und Routinen in dein Leben zu integrieren; zum Beispiel anzufangen, deinen Körper regelmäßig zu bewegen und gesünder zu essen.
- Wichtige Entscheidungen in deinem Leben bewusster zu treffen, zum Beispiel was Beziehungen und deine Arbeitssituation angeht, und wirklich zu schauen, ob es deinem Sein entspricht oder ihm Gewalt antut.
- Ein paar kleinere Risiken einzugehen und Ängste und Unsicherheiten zu konfrontieren.

Timothy kombiniert beide Herangehensweisen, die wir in diesem Kapitel beschrieben haben. Zu viel Disziplin, Risiko und Regelwerk kann leicht dazu führen, dass es rigide und trocken wird. Zu viel Disziplin kann auch zu Versagen und noch größerer Scham führen und dich entmutigen. Zu wenig Disziplin kann dich davon abhalten voranzukommen, weil du nicht genügend Energie aufwendest, und deine Schamgedanken, Verhaltensweisen und -gefühle werden immer wieder auftauchen.

Wir befürworten, kleine Schritte zu machen und auf kleine, aber beständige Erfolge aufzubauen. Wir erleben immer wieder in unserer Arbeit, dass diese Vorgehensweise am besten ist, um bedeutende und bleibende Veränderungen in deinem Leben zu bewirken.

Übung 1

Wähle einen Bereich in deinem Leben, in dem du dich erfolgreich oder erfüllt fühlst. Nimm wahr, wie du über dich und das Leben im Allgemeinen denkst, wenn du deinen Fokus auf diesen Bereich lenkst. Schreibe deine Gedanken auf.
Jetzt nimm einen Bereich in deinem Leben, in dem du dich unzureichend und unerfüllt fühlst.
Nimm wahr, wie du über dich und das Leben im Allgemeinen denkst, wenn du deinen Fokus auf diesen Bereich lenkst. Schreibe deine Gedanken auf.

Übung 2

Sieh dir einige größere Entscheidungen in deinem Leben an, die du getroffen hast oder gerade dabei bist zu treffen. Sieh dir auch deine Gewohnheiten näher an.

- Kannst du spüren, welche Entscheidungen aus der Scham heraus getroffen wurden?
- Kannst du spüren, was dich dazu gebracht hat, diese Entscheidung zu treffen und welche Bedürfnisse du dabei vielleicht versucht hast, zu befriedigen?
- Kannst du spüren, welche deiner Gewohnheiten auf Scham beruhen?
- Kannst du spüren, welches Bedürfnis du versucht hast/ versuchst, mit dieser Gewohnheit zu befriedigen?
- Ist dir aufgefallen, dass sich deine Gewohnheiten, Verhaltensweisen oder Entscheidungen verändert haben, seit du begonnen hast, an dir und deiner Scham zu arbeiten?

Wenn du eine Gewohnheit, die du negativ findest, untersuchst, gibt es da eine kleine Veränderung, die du vornehmen könntest, um dich in diesem Bereich deines Lebens besser zu fühlen?
Wenn ja, was wäre das und wie würdest du dich dann fühlen?
Gibt es ein kleines Risiko, das du eingehen könntest, das dir mehr Selbstvertrauen und das Gefühl geben würde, dass du mehr über dein Leben bestimmst?

Zusammenfassung

In diesem Teil haben wir die Reise beschrieben, die unsere Scham heilen kann. Dies kann die größte Herausforderung im Leben sein, die es zu meistern gilt. Scham ist eine starke Kraft, die uns durch Depressionen, Selbstverurteilung, Negativität und Krankheit lähmen kann. Sie kann sogar dazu führen, dass wir nicht mehr leben wollen. Wenn wir von Scham überrollt werden, können wir jegliche Hoffnung verlieren, jemals in unserem Leben Liebe zu erfahren. Wir glauben vielleicht nicht mehr an Liebe und können bitter und zynisch werden. Unsere Scham sagt uns, dass wir es nicht verdienen, geliebt zu werden und glücklich zu sein.

Und doch ist es möglich, von dieser Verwundung zu genesen.

Wir beenden diesen Teil damit, ein paar simple Vorschläge zu machen, die dir vielleicht auf deiner Reise helfen können:

1. Erkenne, dass Unsicherheit, Selbstzweifel und Scham von schlechten Erfahrungen herrühren; sie sind dir nicht angeboren.
2. Wisse, dass jeder Mensch Fehler macht – durch Fehler lernen wir.
3. Sei dir bewusst, dass der innere Richter dir nicht die Wahrheit sagt, denn was nicht liebevoll gesagt wird, kann nicht wahr sein.
4. Lerne langsam, deinen Körper, deine Gedanken und dein Verhalten zu beobachten ohne zu urteilen, sondern als unparteiischer, liebevoller Zeuge.
5. Entdecke und entwickle die einzigartigen Gaben, die du in diesem Leben teilen kannst und wisse, dass es deine Mission ist, sie zu entdecken und sie auszudrücken.
6. Bring positive Gewohnheiten in dein Leben: regelmäßige Bewegung, gesundes Essen, eine einfache und kurze Meditationspraxis, Zeit in der Natur, Zeit mit liebevollen Freunden, die dir helfen können, die Liebe zu dir selbst wiederzufinden.

TEIL 2

ANGST UND SCHOCK VERSTEHEN UND HEILEN

1

Wie gehst du mit deiner Angst um?

Wir möchten hier die Gelegenheit nutzen, unsere Dankbarkeit und Wertschätzung für die Arbeit und die Bücher von *Dr. Peter Levine* zum Ausdruck zu bringen. Seine Werke haben uns inspiriert und sind ein Wegweiser bei unserer Herangehensweise gewesen, um mit Angst und Schock zu arbeiten und sie zu heilen. Viel von dem, was wir hier diskutieren, kommt direkt oder indirekt von den Lehren Levines. Am Ende dieses Buches finden sich Hinweise auf seine Bücher.

Wir werden nun das Thema Angst genauer untersuchen: Warum haben wir Angst, wie vermeiden wir sie, wie fühlt sie sich an, wie damit umgehen – und welches Geschenk verbirgt sich darin für uns?

Wir alle haben Angst. Wir sind verletzliche Wesen, die in dieser Welt nie genau wissen, ob für uns gesorgt sein wird, ob wir geliebt werden, verletzt, verurteilt, abgewiesen oder betrogen. Wir reagieren wahrscheinlich sehr individuell auf diese Angst, die wir alle in uns haben.

Manche von uns mögen alles daran setzen zu vermeiden, sie zu fühlen. Vielleicht leugnen wir sogar, dass wir Angst haben und organisieren unser Leben so, dass wir sie nicht fühlen müssen oder ihr nicht zu begegnen brauchen.

Oder wir verurteilen Angst in uns oder in anderen und wenn sie auftaucht, tun wir alles, was wir können, um sie zu überwinden.

Andere vermeiden vielleicht die Angst zu fühlen, indem sie sich in eine der vielen Formen von Suchtverhalten flüchten, sie trinken zum Beispiel Alkohol, nehmen Drogen, betreiben Extremsportarten, sind von sexuellen Erfahrungen besessen, sehen fern oder sind süchtig nach dem Internet.

Oder wir sind nachgiebig und tun was wir können, um Konflikte zu vermeiden.

Manche von uns sind vielleicht gelähmt vor Angst. Das kann so stark sein, dass wir uns sogar aus dem Leben zurückziehen.

Unsere Angst mag uns davon abhalten, etwas Neues zu beginnen, das Risiko einzugehen, uns auszudrücken, von sozialen Begegnungen oder davon, uns einem anderen Menschen in einer Beziehung zu öffnen.

Unsere verborgene Angst kann tiefes Misstrauen gegenüber dem Leben, anderen oder uns selbst gegenüber hervorrufen.

Auf die eine oder andere Art versuchen wir alle, mit der Angst, die wir in uns tragen, umzugehen.

Um aber Frieden mit uns selbst und mit dem Leben zu schließen, ist es wichtig, dass wir einen liebevollen, sanften und würdevollen Weg finden, unsere Angst zu akzeptieren, zu verstehen, wo sie herkommt und wie wir mit ihr umgehen können, wenn sie auftritt.

Viele von uns haben in unserem Leben viele Erlebnisse gehabt, die enorme Angst ausgelöst und unser Vertrauen geschädigt haben.

In manchen Fällen haben wir vielleicht die angstvollen Erinnerungen tief in unserem Unterbewusstsein vergraben und klammern uns an die Vorstellung, dass wir eine glückliche Kindheit hatten.

In anderen Fällen sind wir uns der beängstigenden Erfahrungen wohl bewusst, vergessen sie aber bewusst und glauben, dass sie uns nicht länger etwas anhaben können, da sie der Vergangenheit angehören.

Aber das Gegenteil ist der Fall!

Erfahrungen von Angst liegen tief in unserem Körper und in unserem Geist verborgen und beeinflussen unser Leben und unsere Beziehungen zutiefst.

Und wenn wir uns ihrer nicht bewusst werden und sie bearbeiten, werden sie unser Leben einfach sabotieren. Sie werden als körperliche Symptome auftreten und jede Situation verhindern, die potentiell Angst hervorrufen könnte, oder dazu führen, dass wir ein Leben voller Falschheit und Kompensation leben. Uns von unserer Angst zu befreien beginnt damit, dass wir uns eingestehen, wie tief sie in uns verankert ist.

Es gibt unter Umständen viele Momente, in denen Angst im Alltag auftritt:

- Du hast eine wichtige Besprechung und hast Angst, was dabei herauskommt.
- Du sollst einen Vortrag halten und hast Angst, dass du das nicht gut machen wirst.
- Du gehst zu einer Party und hast Angst, dass du keinen guten Eindruck machen oder nicht wissen wirst, was du tun oder sagen sollst.
- Du triffst jemanden, den du attraktiv findest und hast Angst, er oder sie wird dich nicht mögen oder attraktiv finden.
- Du machst Liebe und hast Angst, dass du im Bett nicht gut genug bist.
- Du musst eine wichtige Prüfung ablegen oder an einem sportlichen Wettkampf teilnehmen und hast Angst, dass du versagst oder verlierst.
- Du hast Angst, dich jemandem zu nähern, weil der- oder diejenige dich verurteilen, abweisen, respektlos behandeln oder unterdrücken könnte.
- Du bist mit jemandem tief verbunden und hast vielleicht immer Angst, denjenigen zu verlieren.
- Vielleicht hast du Angst, nicht genug Geld zu haben, um ein angenehmes Leben zu leben.
- Vielleicht hast du Angst, krank zu werden oder du machst dir

nachts Sorgen über Dinge, die in deinem Leben ungewiss sind.
- Vielleicht hast du Angst, jemandem gegenüber deine Wahrheit auszusprechen und hältst die ganze Zeit damit hinterm Berg.

Manche haben die ganze Zeit Angst und wissen nicht einmal warum.

> Mario zum Beispiel, ein 45 Jahre alter Italiener, ist ängstlich und zurückhaltend. Er spricht nur zögernd und hat Angst vor Veränderungen und neuen Erfahrungen oder Abenteuern. In seiner Beziehung mit Manuela, seiner Frau, lässt er sich kontrollieren und bis ins Detail von ihr vorschreiben, was er tun und lassen soll, denn er hat zu viel Angst, um sich gegen sie aufzulehnen. Aber er ist sich nicht bewusst, dass er ziemlich viel Angst mit sich herumträgt, denn so hat er gelebt, solange er sich erinnern kann.

Unsere Angst kann sich in Form von Panikattacken, chronischer Unruhe, Herzrasen, Schweißausbrüchen, Schwindelgefühlen oder Übelkeit zeigen. Oder wir fühlen uns unsicher und schwach auf den Beinen oder nehmen wahr, dass wir die meiste Zeit nicht wirklich präsent, sondern erstarrt und verwirrt sind.

In den folgenden Kapiteln werden wir dich Schritt für Schritt anleiten, verschiedene Aspekte von Angst und Schock näher zu erkunden. Und wir werden sehen, wie wir auf sanfte Art mit unserer Angst umgehen können, wenn sie sich zeigt.

Unsere Reise durch die Angst ist eine der tiefsten und wichtigsten Erkundungen, die wir unternehmen können, denn sie ist ein so vorherrschender Teil unseres Lebens.

Bis wir lernen, mit Angst umzugehen, besteht die Gefahr, dass sie unser Leben beherrscht, indem sie unser Verhalten, unsere Lebenseinstellung und unser Selbstwertgefühl bestimmt.

Wenn wir Angst erst einmal verstehen, tiefes Mitgefühl mit uns entwickeln, wenn wir Angst haben und Handwerkszeug erwerben, mit dessen Hilfe wir sie fühlen und transformieren können, dann wird sie zu einer Quelle von Stärke, Tiefgang und Lebendigkeit.

Lasst uns anfangen.

2

Wie zeigt sich Angst?

Angst kann sich auf vielerlei Arten zeigen und es ist wichtig, diese Anzeichen für Angst erkennen zu können.

Ein mögliches Anzeichen nennen wir „aktive Angst" und es tritt auf, wenn unser Nervensystem aktiviert ist und auf Hochtouren läuft. Bei dieser Art von Angst sind wir angespannt, alles kann sehr schnell gehen. Wir sprechen, essen, bewegen uns, denken und reagieren schnell. Vielleicht sind wir ganz besonders wachsam.

> Alexandra hat schon bei Kleinigkeiten Angst. Ihre Beine fangen an zu zittern und sie ist so ängstlich, dass sie so schnell wie möglich weg muss, egal, wo sie sich befindet. Sie hat Panikattacken. „Ich bin nicht sicher, wodurch das Zittern und die Angst bei mir ausgelöst werden, aber ich weiß, dass sie immer dann auftreten, wenn ich wütend werde, wenn mich jemand anschreit oder auch nur in meiner Nähe herumschreit oder wenn ich mich irgendwie unter Druck gesetzt fühle." Sie kann keine Auskunft darüber geben, wann das bei ihr angefangen hat, denn an ihre Kindheit kann sie sich kaum erinnern. Sie ist sich bewusst, dass es in letzter Zeit häufiger vorkommt, weiss aber nicht, warum das so ist.

Eine weitere Art, in der Angst auftritt, nennt man Schock oder „erstarrte Angst". Schock ist ein Zustand, in dem viele der normalen Funktionen unseres Nervensystems einfach nicht richtig funktionieren. Wenn wir unter Schock stehen, kann es uns schwerfallen, klar zu denken, uns zu bewegen, zu sprechen oder überhaupt etwas zu fühlen.

Vielleicht sind wir gefühlsmäßig wie betäubt.

Unter Umständen sind wir nicht in der Lage, Dinge zu tun, die wir normalerweise leicht und ohne Anstrengung tun könnten.

Wenn wir unter Schock stehen, kann es sein, dass wir bewusstlos werden, Unfälle haben, vergesslich sind, verwirrt reagieren oder keinen klaren Gedanken fassen können.

Auf tieferer Ebene kann sich Schock in Form körperlicher Symptome ausdrücken, wie zum Beispiel durch Hautprobleme, chronischen Reizdarm, kalte Hände und Füße, chronische Rückenschmerzen, Stottern, Vergesslichkeit, einer Neigung zu Unfällen, Konzentrations- oder Lernschwierigkeiten oder der Unfähigkeit zuzuhören, wenn jemand unterrichtet oder spricht.

Es war eine große Offenbarung, als Thomas, ein 34 Jahre alter Arzt aus Deutschland, erkannte, dass er die meiste Zeit seines Lebens unter Schock gestanden hat. Er begann zu verstehen, dass der Grund dafür, dass er beim Sex vorzeitige Ejakulationen hatte, darin bestand, dass er sich selbst sehr unter Druck setzte, ein guter Liebhaber zu sein und dass er im tiefsten Innern große Angst vor Frauen hatte. Er verstand, dass er häufig in einen Schockzustand geriet, wenn er vor Leuten sprechen, eine Prüfung ablegen oder an einem sportlichen Wettkampf teilnehmen musste. Und dass das seine Leistung beeinträchtigte. Ihm war oft aufgefallen, dass es ihm schwerfiel zu atmen und dass er eine Enge im Brustkorb empfand, aber er wusste nicht, warum das so war. Jetzt weiß er, dass das Angst ist. Er hat auch gelernt, dass er viel größere Angst vor Nähe zu einer Frau hatte, als er sich jemals hätte vorstellen können. Er hat erkannt, dass er als Kind so schüchtern war, weil er die meiste Zeit im Schock war. Es war ebenfalls eine Offenbarung für ihn, dass er nun verstand, dass Angst der Auslöser dafür gewesen war, dass er als Sechsjähriger zum Bettnässer wurde, denn in dieser Zeit hatten sich seine Eltern scheiden lassen.

Wenn wir Angst haben, kann unser Nervensystem entweder langsamer oder schneller reagieren als es das normalerweise tut. Wir können uns nicht ausruhen oder können nicht schlafen oder wir sind die ganze Zeit müde und schläfrig. Wir haben Durchfall oder Verstopfung. Wir laufen die ganze Zeit auf Hochtouren oder sind müde, phlegmatisch und haben keine Energie. Wir treiben uns selbst in den Burn-out oder in den Zusammenbruch oder wir leben auf Sparflamme.

Unsere Angst kann in Form einer Panikattacke oder plötzlicher Angst auftreten, wenn wir provoziert werden oder uns unsicher fühlen oder vielleicht befinden wir uns in einem Zustand chronischer Angst.

Wenn wir eine schmerzliche Niederlage erlebt haben oder abgewiesen worden sind, kann unsere Angst manchmal chronisch werden.

Mit einem Mal haben wir überwältigende Angstsymptome, die einfach nicht vorüberzugehen scheinen. Angst verursacht auch ein Sich-Zusammenziehen in unseren Muskeln. Vielleicht sind unsere Muskeln die ganze Zeit angespannt, weil wir in permanenter Angst leben, oder sie ziehen sich nur immer dann zusammen, wenn wir uns unsicher und bedroht fühlen.

Hast du bemerkt, dass deine Atmung flach wird, wenn du Angst hast, oder hast du dann das Gefühl, nicht richtig durchatmen zu können?

Das liegt daran, dass sich die Muskeln in deinem Brustkorb vor Angst zusammengezogen haben.

Je gestresster du bist, desto schwerer fällt es dir zu atmen.

Oder vielleicht hast du aufgrund von chronischem Stress Rückenschmerzen und deine Rücken- und Nackenmuskeln sind vor Angst angespannt.

Weitere verbreitete Zeichen für Angst und Schock sind, wenn wir unsere Erdung verlieren und dissoziieren.

Hast du bemerkt, dass du manchmal nicht hörst, wenn jemand spricht?

Oder kommt es vor, dass du etwas tust und dabei das Gefühl hast, nicht wirklich da zu sein?

Oder vielleicht bist du irgendwo gewesen, kannst dich aber nicht erinnern, was da los war?

Dann bist du wahrscheinlich in diesen Momenten gerade dissoziiert gewesen.

Schließlich sind Wut und Reizbarkeit weitere Anzeichen für Angst, auch wenn sie schwer als solche zu erkennen sein mögen.

Wenn Angst bei uns ausgelöst wird, fühlen wir uns hilflos und es erinnert uns an frühere Zeiten, in denen wir hilflos waren.

Und wenn wir uns hilflos fühlen, kann es passieren, dass andere über unsere Grenzen gehen und dass wir missbraucht, erniedrigt oder vernachlässigt werden.

Wir möchten gern, dass wir in unserem Leben das Steuer in der Hand haben, dass wir mit allem zurechtkommen und mit jeder Situation umgehen können – egal, worum es geht.

Hilflosigkeit ist genau das Gegenteil davon und meistens mögen wir sie gar nicht! Sobald wir nicht Herr der Lage sind und unsere Hilflosigkeit zum Vorschein kommt, reagieren wir leicht irritiert und wütend und geben jemandem oder etwas die Schuld.

Richard wird regelmäßig wütend, wenn er sich aufregt oder gestresst ist. Dann macht er seiner Frau Vorwürfe und greift sie an. In diesen Momenten glaubt er tatsächlich, dass seine Wutausbrüche und seine Vorwürfe berechtigt sind. Irgendwie findet er etwas, das er an ihr kritisieren kann – entweder war sie zu unordentlich, zu chaotisch, zu laut, zu bevormundend, oder sie war nicht präsent genug. Manchmal, wenn da niemand ist, auf den er wütend werden könnte, richtet sich seine Wut auf das Leben an sich oder beim Autofahren auf andere

Fahrer und wie sie Auto fahren. Dann schreit er in seinem Auto herum in der Hoffnung, ein bisschen Dampf abzulassen. Keine dieser Strategien funktioniert jedoch wirklich. Wenn er seiner Frau Vorwürfe macht und sie beschuldigt, bekommt er später Schuldgefühle, und wenn er sich beim Autofahren über andere Fahrer aufregt, kann er selbst hinterher erkennen, wie lächerlich er ist. Aber weder Schuldgefühle noch Reue rühren an den Kern des Problems. Sein Nervensystem ist wie eine gespannte Feder, die dafür sorgt, dass seine ganze Angst und Anspannung in seinem Innern bleiben. Er bekommt lieber Wutanfälle statt seine Angst und Hilflosigkeit zu fühlen und mit ihnen präsent zu sein.

Das Gefühl der Hilflosigkeit kann auch Depressionen verursachen. Depressionen sind eine andere mögliche Reaktion auf das nicht auszuhaltende Gefühl, dass wir unser Leben und unser Schicksal nicht kontrollieren können.

Um Gefühle der Hilflosigkeit zu vermeiden, können wir Essstörungen, Gewichtsprobleme oder chronische Müdigkeit entwickeln.

Übung

Lass dir einen Moment Zeit und schau einmal, ob von den Symptomen, die wir gerade beschrieben haben, irgendwelche in deinem Leben vorkommen:

- Hast du manchmal Probleme mit deiner Verdauung – entweder Durchfall oder Verstopfung – und hat das mit Stress zu tun?
- Hast du sexuelle Schwierigkeiten, erlebst du zum Beispiel vorzeitige Ejakulation, hast Schwierigkeiten, eine Erektion zu bekommen oder zu halten, oder kannst du keinen Orgasmus bekommen oder deinen Körper oder deine sexuelle Energie nicht spüren? Kann das damit zusammenhängen, dass du dich unsicher oder unter Druck fühlst oder dass du Angst hast?
- Hast du manchmal Schwierigkeiten zu atmen oder fühlst du eine Enge in deiner Brust und hat das etwas damit zu tun, dass die Situation stressig ist?
- Findest du manchmal, dass du vergesslich bist, Information nicht aufnehmen kannst, dass du Dinge verlierst, nicht klar denken oder dich nicht ausdrücken kannst? Fällt es dir schwer zu fühlen oder fühlst du dich wie gelähmt? Könnten diese Symptome etwas damit zu tun haben, dass du dich unter Druck fühlst, dass jemand etwas von dir erwartet oder wütend auf dich ist, oder damit, dass du dich unsicher fühlst?
- Kommt es vor, dass du anfängst zu zittern, hast du Schweißausbrüche oder bekommst du kalte Hände oder Füße? Kannst du spüren, wodurch das ausgelöst sein könnte?

3

Wie beeinflusst Angst dein Leben?

Angst hat tiefgreifenden Einfluss auf unser Leben, und wenn wir uns dessen nicht bewusst werden und uns nicht bemühen, mit unserer Angst präsent zu sein, hat das viele negative Folgen für uns.

Es kann unsere Liebesbeziehungen, unsere Kreativität, unsere Sexualität und unsere grundlegende Einstellung dem Leben, anderen und uns selbst gegenüber sabotieren.

Zu dieser Sabotage kommt es, weil wir unbewusst aus unserer Angst heraus reagieren, wenn wir sie nicht fühlen wollen. Wie wir bereits oben erwähnt haben, steckt hinter unserer Angst ein Gefühl der Hilflosigkeit. Wenn wir uns keine Zeit lassen, um die Angst und die Hilflosigkeit zu fühlen, reagieren wir gewöhnlich so, wie viele Menschen gewohnheitsmäßig reagieren.

Der erste Schritt, um Angst zu transformieren, besteht darin, sich bewusst zu werden, dass unsere Reaktionen auf unserer Angst basieren, statt dass wir unsere Angst fühlen.

Im Folgenden werden wir uns näher ansehen, welche Reaktionsweisen dabei in welche Hauptkategorien fallen.

Eine Art zu reagieren ist, aggressiv zu werden. Wenn wir uns in irgendeiner Form hilflos fühlen und Angst haben, reagieren wir, indem wir Druck ausüben, uns noch mehr anstrengen, in Konkurrenz gehen, den

Tyrannen spielen und darauf bestehen, dass alles nach unseren Vorstellungen abläuft und wir im Recht sind.

Wenn wir so mit unserer Angst umgehen, verleugnen wir sie und setzen uns um jeden Preis durch. Diese Einstellung haben wir, weil wir glauben, dass unsere Angst, wenn wir ihr Beachtung schenken würden, Überhand nehmen würde und wir nicht mehr in der Lage wären zu funktionieren.

Diese Herangehensweise macht es anderen Menschen schwer, sich mit uns sicher zu fühlen und uns gegenüber offen zu sein. Und wenn wir uns selbst so stark unter Druck setzen, möchten wir den ständigen Stress vielleicht mit irgendwelchen Drogen abmildern, zum Beispiel mit Alkohol, Kokain oder ähnlichem. Oder wir werden vielleicht süchtig nach Sex oder Pornografie oder anderen Dingen.

Michael ist ein erfolgreicher und wohlhabender Geschäftsmann, der sich sein ganzes Leben lang selbst unter Leistungsdruck gesetzt hat. Er arbeitet nicht nur hart, sondern ist auch Marathonläufer, schlank und fit und gewohnt, jedes Problem, das in seinem Leben auftaucht, zu lösen. Leider war die Beziehung zu seiner Frau und seinen zwei Kindern nicht besonders glücklich. Seine Frau hat ihn vor zwei Jahren verlassen, weil es ihr an Austausch mit ihm fehlte und sie Sensibilität bei ihm vermisste. Sie hatte es jahrelang versucht, eine Art von Verbindung zu ihm aufzubauen, aber am Ende kapitulierte sie. Seine Kinder haben sich ihm entfremdet, da sie beide fühlen, dass sie ihn nicht erreichen können und sie sich verurteilt, unter Druck gesetzt und nicht gesehen fühlen. Das Scheitern in diesen Beziehungen brachte ihn schließlich dazu, sich in Therapie zu begeben.
Er kann sich jedoch noch nicht darauf einlassen, wenn wir sagen, dass er tiefe Ängste in sich trägt, von denen er noch nichts weiß. Angst, so argumentiert er, ist es, was Leute zurückhält. Er behauptet, dass er im Leben erfolgreich gewesen ist, weil er sich durchsetzt und keine Ängste aufkommen lässt.

Wenn jemand mit so rigiden, entschlossenen und harten Ansichten ans Leben herangeht, macht das die Menschen um ihn herum ängstlich und gehorsam. Aber sie können sich ihm gegenüber nicht wirklich öffnen, denn er zeigt seine Verletzlichkeit nicht und es gibt keine Öffnung, durch die sich ihm jemand nähern könnte. Menschen sind vielleicht nach außen zuvorkommend ihm gegenüber und tun, was er will, aber innerlich haben sie Angst vor ihm und sind wütend. So wie er andere beurteilt und unter Druck setzt, geht er auch mit dem Teil von sich um, der Angst hat. Und weil er keinen Zugang zu seiner Angst hat, wird er mit Partnern und seinen Kindern Beziehungen aufbauen, die den Teil in ihm widerspiegeln, den er selbst ablehnt. Er selbst sieht seinen ängstlichen Anteil nicht und andere spiegeln ihm daher diesen Anteil.

Eine andere verbreitete Art, mit dem Gefühl der Hilflosigkeit umzugehen, ist, unterwürfig zu werden und es anderen recht machen zu wollen.

Wir entwickeln diese Strategie, damit alles harmonisch bleibt und um keine Bedrohung oder Konfrontation zu riskieren, sodass niemand uns verletzen wird. Wir glauben, dass man uns, solange wir nachgeben, gehorchen und unsere eigenen Bedürfnisse und Wünsche unterordnen, gut behandeln wird.

Vielleicht glauben wir auch, dass wir so die Liebe und Anerkennung bekommen, nach der wir uns so sehnen. Und wir mögen sogar ein spirituelles Ego entwickeln und uns für einen „freundlichen, guten und heiligen" Menschen halten, wenn wir die andere Wange auch hinhalten.

Der Preis, den wir für diese Herangehensweise bezahlen, ist, dass wir zum Opfer werden, unsere Würde und unseren Selbstrespekt verlieren und andere Menschen einladen, uns auszunutzen. Letzten Endes gehen wir damit das Risiko ein, innerlich bitter, rachsüchtig und wütend zu werden, weil wir unsere eigenen Bedürfnisse verleugnen.

Susanne zum Beispiel ist mit einem erfolgreichen Chirurgen verheiratet, hat drei Kinder im Teenageralter und lebt in einem großen Haus in einem Vorort. Ihr Mann ist sexuell fordernd und bekommt

machmal Wutanfälle, wenn die Dinge zu Hause nicht so sind wie er sie gern hätte. Sie fühlt sich hilflos und abhängig, sieht aber ein, dass sie sich mit jedem Mann, mit dem sie in ihrem Leben zusammen war, genauso verhalten hat. Sie weiß nicht, was sie braucht und kann es auch nicht fühlen. Sie gibt automatisch nach und fügt sich dem, was der Mann möchte oder braucht. Außerdem hat sie ihr Leben so organisiert, dass ihr Sicherheit und Komfort garantiert sind.
Ihre Eltern sind stolz darauf, dass sie eine so gute Partie gemacht hat und sie braucht sich finanziell keine Sorgen zu machen. Aber sie findet ihren Mann nicht mehr attraktiv, sondern langweilt sich und ist deprimiert und ihr ältestes Kind hat angefangen, Drogen und Alkohol zu missbrauchen. Sie hat keine echte Freude an ihrem Leben.

Eine dritte Art, das Gefühl der Hilflosigkeit zu vermeiden, ist, sich vom Leben zurückzuziehen, seinen Erlebnisradius einzuschränken und sich der Gefahr, verletzt oder abgelehnt zu werden, weniger auszusetzen.

Das kann dazu führen, dass man in einer Fantasiewelt lebt oder sich bezaubern lässt und seine Macht und Verantwortung spirituellen Lehrern oder einer Religion überantwortet.

Die 45-jährige Alice liest Liebesromane und stellt sich vor, dass sie eines Tages einen Mann finden wird, der sie wirklich lieben, beschützen und sich um sie kümmern wird. Den Ablehnungen, die sie in der Vergangenheit erlebt hat, begegnet sie mit spirituellen Plattitüden wie zum Beispiel: „Es hat alles einen tieferen Sinn, Gott lenkt mein Leben und ich muss nur weiterhin auf ihn vertrauen." Sie ist ganz bis nach Indien gereist, um einen Guru aufzusuchen, von dem sie gehört hatte, dass er auf magische Weise „schlechtes Karma" entfernt, ist aber enttäuscht zurückgekehrt. Sie bezahlt regelmäßig irgendwelche „Heiler", die ihr helfen sollen, hat aber bisher immer noch nicht den richtigen gefunden, der ihre Probleme lösen könnte. Sie lebt in dem Glauben, dass es sie verändern wird, wenn sie so tut, als wenn sie fröhlich wäre und wenn sie nur positive Dinge sagt. Trotzdem ist sie immer noch einsam und traurig. Sie glaubt nicht an Therapie, weil die sie, wie sie sagt, nur „auf schlechte Gedanken" bringt. Wenn sie redet, hat es eine verträumte Qualität, und sie scheint entrückt von dem, was sie sagt, und von den anderen Teilnehmern im Seminar. Um aus ihrer Fantasiewelt herauszukommen und wirklich in der Gegenwart zu leben, müsste sie ihre ganzen Ängste konfrontieren, die sie bisher vermieden hat. Aber davor hat sie riesige Angst. Alices Fantasien und ihre Hoffnungen, dass sie jemanden finden wird, der sie rettet, sind ihre Sicherheitszone gewesen, ihre Art, in einer Welt zu leben, die unfreundlich und gewalttätig war. Ohne diese Illusionen und ohne sich diese Fantasiewelt zu erschaffen, wäre sie vielleicht nicht in der Lage gewesen, die Gewalt zu überleben, die sie als Kind erlebt hat.

Diese Strategie, sich zurückzuziehen, kann auch dazu führen, dass wir uns in Drogen, Alkohol oder Essen flüchten. Im tiefsten Innern ist der verletzte und ängstliche Teil von uns vielleicht so überwältigt und voller Furcht, dass wir uns mit irgendeiner Droge beruhigen müssen.

Alan ist ein gutes Beispiel für diese Art des Vermeidens. Er hat viele Freundinnen gleichzeitig und sogar eine Philosophie, die „Polyamorie" (mehrere Liebespartner gleichzeitig zu haben), um seine Sexsucht zu rechtfertigen. Er begeistert sich für Extremsportarten wie Bergsteigen und Paragliding und nimmt regelmäßig Kokain. Er liebt seine Freiheit und stellt seine Lebensweise erst seit kurzem in Frage. Er hat sich in eine Frau verliebt, die ihn nach einem Jahr verließ, als er ihr erzählte, dass er mit einer anderen Frau geschlafen hatte. Sie beklagte sich darüber, dass es unmöglich sei, Nähe mit ihm zu haben.

Hinter seiner Lebensweise, die auf Freiheit ausgerichtet ist, lauern viele verborgene Ängste – die Angst, abgelehnt, bloßgestellt, verletzt und/oder von jemandem abhängig zu werden. Nur wenn es eine starke Motivation zur Veränderung gibt, ein Thema, auf das wir im nächsten Kapitel näher eingehen, könnte das jemanden mit so einer Lebensweise und diesen Gewohnheiten dazu bringen, die darunterliegenden inneren Ängste näher zu untersuchen.

Schließlich ist eine vierte häufig benutzte Vermeidungstaktik, bei der wir unsere eigene Hilflosigkeit nicht fühlen müssen, dass wir andere retten. Wenn wir uns ablenken können, indem wir jemand anderen vor seiner oder ihrer Angst bewahren, müssen wir unsere eigene Angst nicht spüren. Andere zu retten, befriedigt auch das Ego, denn es gibt uns die Chance, uns nützlich zu fühlen und als würden wir gebraucht.

Aber der Preis, den wir dafür bezahlen, ist, dass wir uns verausgaben und anderen grollen, weil wir von ihnen nichts zurückbekommen. Wenn wir etwas geben, verbirgt sich dahinter fast immer ein verdeckter Wunsch, etwas zu bekommen. Wir haben Angst, das zu fühlen und zuzugeben, dass wir ängstlich sind, Bedürfnisse haben und verletzlich sind.

> Alan ist ein 59-jähriger Mann, der durch den Bau von Immobilien zu Wohlstand gekommen ist. Er kümmert sich um seine Angestellten und unterstützt sie und andere Menschen, von denen er fühlt, dass sie seine Unterstützung brauchen. In seinen Beziehungen mit Frauen, und auch in seiner gegenwärtigen Beziehung, ist er der Versorger. Dieses Verhalten bringt ihm eine Menge Genugtuung ein, und er beschreibt sich sogar selbst als „großzügig und fürsorglich".
> Aber seine Frau beklagt sich, er sei nicht wirklich offen und zugänglich, sondern benutze seine Fürsorglichkeit, um die Macht und die Kontrolle zu behalten. Sie schätzt seine Großzügigkeit, aber sie ist auch zornig darüber, wie er sie kontrolliert und wie sich alles nach ihm richten muss.

Wenn wir so vermeiden, unsere Hilflosigkeit zu fühlen, mag das oberflächlich betrachtet funktionieren und uns eine Identität geben und Strategien, mit denen wir dem Leben und unserer Angst begegnen können. Aber diese Vermeidensstrategien werden auch verhindern, dass wir mit uns und unserer Verletzlichkeit wirklich in Kontakt kommen.

Wenn wir uns von unseren Ängsten so radikal abgewendet haben, werden sie sich manchmal in Form körperlicher Schmerzen oder Krankheiten zeigen oder indem wir einen schweren Unfall haben.

Oder sie zeigen sich, wenn ein Teil unseres Lebens zerbricht, besonders wenn es um wichtige Beziehungen geht.

Wenn wir beginnen, unsere Ängste und unsere Hilflosigkeit zu erkunden und in Kontakt mit ihnen zu gehen, ist es wichtig, auch unser Bedürfnis nach Sicherheit zu berücksichtigen.

Wenn wir unsere Ängste in unserem Unterbewusstsein vergraben haben, fürchten wir uns vielleicht davor, sie zu fühlen und Kontakt mit ihnen aufzunehmen, weil wir glauben, dass sie uns überwältigen und die Oberhand bekommen werden.

Dieser Prozess, die Ängste bloßzulegen und sie zu fühlen, braucht daher Zeit, Geduld und Ausdauer. Langsam lernen wir, mit unserer Angst präsent zu sein, indem wir auf die Körperwahrnehmungen achten, die mit der Angst einhergehen. Wenn uns vertrauter wird, wie es sich im Körper anfühlt, wenn wir Angst haben und lernen, mit unserer Körperwahrnehmung präsent zu sein, entspannt sich etwas tief in unserem Innern und echte Lebendigkeit beginnt zu erwachen.

So meistern wir unsere Angst.

Übung

Nimm dir einen Moment Zeit und betrachte dein Leben im Hinblick darauf, wie du vielleicht vermeidest, Hilflosigkeit und Angst zu fühlen.
Frage dich, wie jede der Verhaltensweisen in der folgenden Liste dir hilft, mit dem Gefühl der Hilflosigkeit umzugehen:

- Kommt es vor, dass du eine der folgenden Verhaltensweisen benutzt, um etwas nicht zu fühlen: Fernsehen, Shopping, viel Süßes essen, Sex, Drogen, Alkohol oder Arbeit?
- Wirst du ständig wütend oder irritiert, wenn du ängstlich oder gestresst bist?
- Wirst du aggressiv oder projizierst du deine Aggressionen auf andere? Oder verurteilst, kritisierst oder setzt du andere unter Druck, wenn sie Angst haben und mutlos sind?
- Strukturierst du dein Leben so, dass du Risiken vermeidest und dich nicht in Situationen begibst, die Angst auslösen könnten?
- Begegnest du dem Leben mit magischen Vorstellungen und hoffst, gerettet zu werden, dass sich jemand um dich kümmert, dich beschützt und bedingungslos liebt?
- Bist du oft nicht ganz in deinem Körper, wenn sich eine Situation unter Umständen als für dich bedrohlich erweisen könnte?
- Spielst du die Rolle des Retters?
- Nimmst du die Bedürfnisse anderer wichtiger als deine eigenen?
- Zwingst du deinen Körper zu bestimmten Sachen und hörst nicht darauf, was er braucht?

4

Warum haben wir solche Angst?

> Paolos Vater hatte seine Wut nicht unter Kontrolle. Seine Wutausbrüche waren gewaltsam und unvorhersehbar und häufig schlug der Vater Paolo, wenn der sich nicht so verhielt, wie der Vater es erwartete. Paolo, ein sensibler und gebildeter Künstler, ist mit dem emotionalen Missbrauch umgegangen, indem er sich in sich zurückzog und versuchte, sich von der giftigen Energie des Vaters fernzuhalten, soweit er konnte. Seine Mutter war oft nicht zu Hause und hat ihn nicht vor dem Verhalten seines Vaters beschützt. Sie war auch nicht in der Lage, für sich selbst einzustehen. Sie sagte zu Paolo: „So ist dein Vater nun mal und daran musst du dich gewöhnen." Paolo konnte sich nie gegen den Vater zur Wehr setzen, auch nicht, als er älter wurde, und sein Vater starb, ohne dass jemals über den emotionalen Missbrauch gesprochen worden wäre. Heute leidet Pablo unter Depressionen, die ihm das Leben schwer machen. Er hat die starke Hilflosigkeit, die das Verhalten seines Vaters und die Vernachlässigung durch seine Mutter in ihm hervorgerufen haben, noch nicht überwunden.

Ein wichtiger Teil unseres Heilungsprozesses von der Angst besteht darin zu verstehen, woher die Angst kommt und tiefes Mitgefühl für den kleinen Jungen oder das kleine Mädchen in uns zu haben, der/das sich aufgrund dessen, was wir erlebt haben, immer noch fürchtet. Als unser Trauma vor langer Zeit geschah, waren wir nicht in der Lage, die Bedrohung zu reduzieren oder mit ihr umzugehen.

Wir waren hilflos.

Wir waren zu jung, um gegen die Bedrohung anzugehen oder uns vor ihr in Sicherheit zu bringen. Das sind die beiden Mechanismen, die es in unserem Nervensystem gibt, um mit Bedrohung umzugehen. Weil wir weder Kampf noch Flucht als Option zur Verfügung hatten, haben wir die letzte Möglichkeit gewählt, die uns noch blieb, nämlich uns totzustellen.

Wir erstarren und dissoziieren.

Aber wenn wir gezwungen sind, Erstarrung als Ausweg zu wählen, bleibt die Auswirkung des Traumas in unserem Körper gespeichert und wir verlieren unsere Lebendigkeit und unsere Freude. Statt den Stress wieder zu reduzieren, wenn die Bedrohung vorüber ist, und unser Nervensystem in einen entspannten Zustand zu bringen, sind wir aktiviert und erregt geblieben. Mit anderen Worten, unser Stress hat sich weiter aufgebaut.

Es hilft uns zu verstehen, dass es fünf Formen von Traumen gibt:

- **Grenzüberschreitung** (Härte, Kritik, Starrheit, jede Art von Gewalt, Wut, Urteile, Erniedrigung, Druck, übertriebene Erwartungen, Dickfelligkeit oder Mobbing und Sticheleien. Auch jede Art von sexueller Grenzüberschreitung und das Nicht-Respektieren deiner sexuellen Grenzen.)

- **Vernachlässigung** (Mangelnde Präsenz, mangelnde Fürsorge, Depression, Drogenmissbrauch, einer oder beide Elternteile verlassen oder ignorieren dich, von zu Hause weggegeben werden, man hört dir nicht zu oder ist nicht an dir interessiert.)

- **Umgebungstrauma** (Mangelnde Fürsorge und Hygiene zu Hause, häufiges Umziehen in eine neue Umgebung oder häufige Umschulung, Feindlichkeit und Wut zu Hause oder in der Schule. In einem Kriegsgebiet aufwachsen, jede Art von Naturkatastrophe wie Erdbeben, Orkan oder Tsunami. Nicht genug Geld für Essen und Kleidung haben.)

- **Hospitalisationen und medizinische Eingriffe** (Injektionen, Operationen, im Krankenhaus allein gelassen werden, Krankheiten, insbesondere chronische)

- **Unfälle** (Jede Art von Kontrollverlust oder körperlicher Verletzung kann für jeden Menschen verheerende Folgen haben, insbesondere für ein Kind.)

Als Kind haben wir wenig oder gar keinen Schutz. Wir erleben jede Art negativer Energie, sei sie auf uns gerichtet oder in unserer Umgebung vorhanden, als einen direkten Angriff auf unser Nervensystem, unser Wohlbefinden und unser Vertrauen in das Gute in der Welt.

Negative Energie oder Grenzüberschreitung kann körperliche, emotionale oder sexuelle Aggression oder Missachtung sein.

Sie kann in Form von Vergleichen, unter Druck setzen, Erwartungen und der Unterdrückung unserer natürlichen Lebensenergie, Kritik, Erniedrigung, doppelten Botschaften, Vernachlässigung oder sogar Verlassenwerden daherkommen.

Jede dieser Erfahrungen kann für das Kind ein niederschmetterndes Trauma sein. Und keine dieser möglichen Ursachen von Trauma muss extrem sein, um ungeheure Angst auszulösen.

Noch schlimmer kann es für das Kind sein, wenn das traumatische Ereignis scheinbar unspektakulär ist, sich aber wiederholt. Als Kind bist du nicht stark genug und hast nicht die Ressourcen, mit diesen Traumata umzugehen und sie zu integrieren.

Du kannst sie nicht abschütteln.

Du kannst nicht weggehen und du kannst einen Erwachsenen, der dich nicht respektiert, nicht konfrontieren.

Du kannst nicht zu deinen Eltern sagen, sie sollen erwachsen werden.

Deine Bemühungen, sie dazu zu bewegen, nicht weiterhin Alkohol oder Drogen zu missbrauchen, sind in der Regel vergeblich.

Du kannst einen Elternteil nicht aus einer Depression reißen und sie oder ihn glücklich machen, auch dann nicht, wenn du es versuchst.

Du kannst deinen Vater oder deine Mutter nicht dazu bringen, nicht mehr wütend zu sein.

Du kannst zu Hause keine sichere Atmosphäre schaffen.

Als Kind bist du den „Großen" hilflos ausgeliefert.

Das führt dazu, dass du traumatisiert wirst und dich innerlich zutiefst hilflos fühlst. Wichtig ist, dass wir die Geschichte unserer Traumata kennen – genauer gesagt, wie die Vernachlässigung oder Grenzüberschreitung innerlich tiefe Angst verursacht haben kann.

Die spezifischen Ereignisse, die uns damals widerfahren sind, führen dazu, dass wir heute auf bestimmte Situationen besonders sensibel reagieren. Unsere „Auslöser" sind die Dinge, die unsere Angst und unseren Schock heute auslösen können – ein Thema, auf das wir im nächsten Kapitel eingehen werden.

Übung

Lass dir einen Moment Zeit und stell dir vor, dass du als kleines Kind zu Hause oder in der Schule bist. Du bist noch sehr jung und voller Unschuld und Vertrauen.
Schau mit den Augen des Kindes und nimm alles mit der Sensitivität dieses kleinen Mädchens oder Jungen wahr:

- Wie fühlt sich die Atmosphäre an? Ist es sicher oder hast du Angst?
- Was braucht das Kind, das es nicht bekommt? Im Hinblick auf Sicherheit, Schutz, Wärme, Zuneigung, Anerkennung und sich willkommen fühlen?
- Was beängstigt ihn oder sie vielleicht?
- Hat er oder sie jemanden, mit dem man reden kann und der zuhört, oder ist er oder sie sehr allein?

Wenn du dir diese Fragen stellst, fängst du vielleicht an zu fühlen und zu verstehen, wie schwer du als Kind traumatisiert worden bist.

5

Warum sollten wir mit unserer Angst Kontakt aufnehmen?

Du fragst dich vielleicht: „Welchen Sinn macht es, sich unserer Angst zu stellen und mit ihr Kontakt aufzunehmen?" Natürlich hat es auch Vorteile, unsere Angst weiterhin zu verleugnen.

- Vielleicht können wir weiter so leben als gäbe es sie nicht.
- Vielleicht müssen wir nicht alle Ängste konfrontieren, die wir unterdrückt haben.
- Vielleicht finden wir heraus, dass wir viel mehr Angst haben als wir uns je vorstellen konnten.

Aber wenn wir unsere Angst weiterhin verleugnen würden, würden wir etwas sehr Wertvolles verpassen.

- Wenn wir unsere Angst leugnen, kann sich jemand anders uns gegenüber nicht wirklich auf tiefer Ebene öffnen, weil es nicht sicher ist. Die unterdrückte Angst wird sich in Form von Urteilen, Kritik oder Zynismus dem anderen oder dem Leben im Allgemeinen gegenüber zeigen. Wir werden uns selbst um wahre Liebe bringen.
- Wenn wir unsere Angst leugnen, werden wir anderen Menschen

und dem Leben die Schuld geben, wenn wir uns ärgern. Wir können bitter und frustriert enden.
- Wenn wir unsere Angst leugnen, begrenzen wir uns selbst und schneiden uns vom Leben und unserer wahren Lebensenergie ab. Wenn wir uns dem Leben gegenüber öffnen, öffnen wir sowohl den sensibelsten und verletzlichsten Teil von uns als auch den, der das Leben in seiner Totalität leben will, der tiefe Liebe erfahren und sich kreativ entfalten will.
- Wenn wir unsere Angst leugnen, können wir leicht hart, getrieben, zwanghaft, fordernd, ungeduldig, herzlos oder süchtig werden.
- Wenn wir unsere Ängste leugnen, werden sie sich in unserem Körper zeigen. Ängste, die sich im Körper zeigen, können, wenn wir sie nicht anerkennen, unser Immunsystem, unsere Lebensenergie und unseren Lebenswillen untergraben.
- Wenn wir mit unserer Angst nicht in Kontakt sind, treiben wir den Körper an, statt darauf zu hören, was er braucht. Dieser Druck kann leicht dazu führen, dass wir einen Burn-out bekommen oder am Ende depressiv werden, weil wir keine Energie mehr haben.

Thomas hat immer nach der Philosophie gelebt, die er von seinem Vater gelernt hat und die besagt, dass man seiner Angst keine Beachtung schenken sollte. Er hat nie gesehen, dass sein Vater in irgendeiner Form Angst ausgedrückt oder gezeigt hätte. Im Gegenteil, er war ein Mann, der jedes Hindernis, ohne zu klagen, aus dem Weg räumte, war sehr diszipliniert, arbeitete hart und schien sein Leben auf seine trotzige und bestimmte Art zu genießen. Thomas lernte, ganz ähnlich zu sein wie sein Vater und hatte zu seiner Angst und seinen Gefühlen ebensowenig Kontakt wie dieser. Das war für Thomas nie ein Problem gewesen, bis er anfing zu merken, dass es seine intimen Beziehungen negativ beeinflusste. Seine Liebespartnerinnen zeigten ihre Ängste offen und wurden manchmal von Angst überwältigt und waren sogar vor Angst und Unsicherheit wie gelähmt. Lange fühlte er, dass sie sich ihrer Angst auf übertriebene Weise widmeten und er verurteilte sie dafür, schwach zu sein. Sie beklagten sich, dass sie ihn nicht fühlen könnten und dass er wie ein Stein wäre. Und am Ende verließen sie ihn. Er gab weiterhin den Frauen die Schuld, weil sie ihn „nicht verstanden", bis er schließlich feststellte, dass dies ein Muster war, das sich immer wiederholte. Er entschied, sich in Therapie zu begeben. Thomas hat inzwischen angefangen einzusehen, dass der Preis, den er dafür bezahlt hat, nicht mit seiner Angst in Kontakt zu sein ist, dass seine Beziehungen in die Brüche gehen.

Pietro ist von Schmerztabletten abhängig und davon überzeugt, dass er sie regelmäßig einnehmen muss, weil er diese ständigen Schmerzen in seinem Körper hat. Er ist bei vielen Ärzten gewesen und keiner konnte irgendwelche körperlichen Ursachen für seine Schmerzen feststellen. Jeglicher Andeutung, dass es sich um psychosomatische Symptome handelt, die seine Angst überdecken, widerspricht er energisch und beteuert, dass niemand versteht, was er durchmacht. Seine Frau war schließlich an einem Punkt angekommen, an dem sie sein Leugnen nicht länger aushielt und hatte ihm ein Ultimatum gesetzt. Wenn er nicht aufhören würde, diese Schmerztabletten zu nehmen und anfangen würde, sich den Ängsten zu stellen, die er mit seiner Abhängigkeit überdeckt, würde sie ihn verlassen. Er begab sich sehr zögernd in Therapie, aber seine Frau war entschlossen, dass sie sich scheiden lassen würde, wenn er sich nicht ernsthaft und längerfristig in tiefenpsychologische Therapie begab.
Der Therapeut stellte als Bedingung für ihre gemeinsame Arbeit, dass er in Absprache mit und unter Aufsicht seines Arztes aufhören würde, Schmerztabletten zu nehmen. Zu Beginn war es sehr schwer für ihn, mit den Ängsten umzugehen, die in seinem Körper hochkamen. Wir werden später darauf eingehen, wie der Therapeut ihm half, mit der Panik, die in seinen Gedanken hochkam, und mit den Angstsymptomen in seinem Körper umzugehen. Mit der Zeit ließen diese Symptome nach

und er begann zu sehen, dass er die meiste Zeit seines Lebens in Angst verbracht hatte. Diese Angst hatte er von seiner Mutter geerbt, die immer in Angst lebte und verzweifelt versuchte, ihre Umgebung und die Menschen um sie herum zu kontrollieren. Als er seine Ängste mehr und mehr fühlen konnte, entdeckte er die Wut, die er seiner Mutter gegenüber fühlte, weil sie ihn mit so viel Angst infiziert und versucht hatte, ihn und seine Lebendigkeit zu kontrollieren. Der kleine Junge in Pietro hielt immer noch an der Mutter fest, indem er seine Lebensenergie auf Sparflamme hielt, damit er die energetische Verbindung zu ihr aufrechterhalten konnte. Und er hatte sehr große Angst davor, wirklich lebendig zu werden und sich von der Mutter abzunabeln.

Chronische Schmerzen, Müdigkeit, Krankheit und Depression sind verbreitete Anzeichen für Ängste, die unterdrückt und nicht anerkannt und bearbeitet worden sind. Wenn diese Ängste unterdrückt bleiben, können sie in deinem Leben ernsthaften Schaden anrichten.

Ein weiterer Anlass, sich unseren Ängsten zu stellen, ist, dass wir unser Leben in solchem Ausmaß kompromittiert haben, dass wir keine Freude, keine Leidenschaft und keinen Sinn mehr erleben.

Anna Lisa ist seit zwölf Jahren verheiratet, liebt ihren Mann aber nicht mehr und findet ihn auch nicht mehr attraktiv. Sie hasst ihren konventionellen, langweiligen Lebensstil, der darin besteht, es allen um sie herum recht zu machen und sich um die Bedürfnisse aller zu kümmern und ihre eigenen zu verleugnen. Aber gleichzeitig kommt absoluter Terror hoch, wenn sie daran denkt, sich aus ihrer Sicherheitszone herauszubewegen – Terror, dass sie nicht genug Geld haben würde, um sich zu versorgen, Terror allein zu sein, als egoistisch verurteilt zu werden und der Kritik ihrer Eltern zu begegnen. Sie ist hin- und hergerissen dazwischen, sich dem Leben gegenüber zu öffnen und in ihrer Sicherheitszone zu bleiben, und sie weiß, dass sie die Ängste, die sie ihr ganzes Leben unterdrückt hat, konfrontieren muss, wenn sie ersteres tun will. Sie vermeidet ihr Leben und ihre Lebensenergie, indem sie sich versteckt und Erfahrungen aus dem Weg geht, die Angst hervorrufen könnten. Die Kraft ihrer ungelebten Lebenslust fängt an, sich wie ein Vulkan in ihr zu erheben und verlangt danach, gelebt zu werden.

Diese Beispiele zeigen, wie wir dazu motiviert werden können, mit der Angst in unserem Innern zu arbeiten.

Übung

Sieh dir die folgende Liste an, die aufzählt, was du dir vielleicht entgehen lässt, wenn du nicht mit deiner Angst arbeitest. Schau dir an, welche dieser Punkte auf dich zutreffen.

- Fehlt dir Liebe in deinem Leben, weil sich niemand sicher gefühlt hat, wenn er oder sie dir näherkommen wollte?
- Gibst du immer dem Leben und anderen die Schuld, wenn du wütend bist?
- Hast du das Gefühl, du wärst gern lebendiger; dass dir etwas Wichtiges im Leben fehlt und dass du in deinem Alltag zu viele Kompromisse machst?
- Stellst du fest, dass du jemanden verurteilst, der Angst hat oder im Schock ist?
- Bist du ungeduldig, getrieben, zwanghaft, fanatisch in deinen Ansichten oder fordernd?
- Nimmst du wahr, dass du unerklärliche körperliche Schmerzen hast, unter Müdigkeit, Burn-out, Verdauungsbeschwerden leidest, nervliche, Haut- oder Schlafprobleme hast?

6

Was sind deine Auslöser?

> In einem Workshop, den wir vor kurzem geleitet haben, regte sich Susanna, eine 34-jährige Schweizerin, sehr über die laute Musik auf, die wir während einer Tanzübung spielten. Sie begann zu schreien und musste den Raum verlassen, bevor sie sich wieder beruhigen konnte. Als sie wieder zurückkam, war sie sehr wütend auf uns, weil wir gerade diese Musik ausgewählt hatten und sie empfand, dass wir auf sie keine Rücksicht genommen hatten. Wir fragten sie, ob laute Musik sie an irgendetwas in ihrer Kindheit erinnerte. Zunächst wollte sie uns die Schuld dafür geben, dass wir sie in Bedrängnis gebracht hatten, aber nachdem sie sich beruhigt hatte, konnte sie sehen, dass die laute Musik sie an das Chaos erinnerte, in dem sie aufgewachsen war. Ihr Vater hatte oft unvorhersehbare Wutausbrüche ihr und ihrer Mutter gegenüber gehabt und ihre Mutter hatte nichts getan, um sie zu beschützen.

Unser Nervensystem ist chronisch aktiviert, denn wenn wir die Traumata unserer Vergangenheit nicht haben lösen können, haben wir deren Energie in uns gespeichert.

Weil wir bereits unter so hoher innerer Spannung stehen, kann uns heute der kleinste Auslöser in Aufruhr versetzen und eine Angstattacke auslösen oder uns in einen Schockzustand versetzen. Jeder Auslöser, der nur im Geringsten daran erinnert, was unser vergangenes Trauma ausgelöst hat, kann das bewirken.

Manchmal genügt ein Duft, ein Bild, dass jemand etwas sagt, eine bestimmte Situation, ein Blick, eine laute Stimme, die geringste Vernachlässigung kann unsere Angst und unseren Schock aktivieren.

Wir nennen diese kleinen oder großen Dinge, die uns in Aufruhr versetzen können, „unsere Auslöser". Es sind die Ereignisse, Einflüsse und Einwirkungen, die von außen kommen und die dazu führen können, dass wir das Trauma, das aufgrund der Erfahrungen unserer Vergangenheit in unserem Körper sitzt, nochmals wiedererleben.

Wenn das geschieht, kommt es zur einer spontanen Regression.

Wir sind nicht mehr im Hier und Jetzt, sondern ohne es zu wissen, in Sekundenschnelle wieder da und dort: zurück am Tatort, als etwas Traumatisches geschah, das uns hilflos und voller Angst zurückließ. Unsere spezifischen Auslöser heute haben eine tiefe Verbindung zu dem, was wir erlebt haben, was auf uns eingewirkt hat.

Es kann aus den fünf Kategorien für Trauma stammen, die wir oben erwähnt haben – Grenzüberschreitung, (Eingriff), Vernachlässigung, disharmonische Umgebung, Unfälle, Hospitalisierungen oder medizinische Eingriffe.

Wir können anfangen, unsere Auslöser kennenzulernen, indem wir genau darauf achten, was uns heute in Aufruhr versetzt.

- Vielleicht ist es eine Ablehnung oder allein der Gedanke daran, von jemandem, der uns wichtig ist, abgelehnt zu werden? Oder dass uns jemand nicht zuhört, nicht ganz präsent mit uns ist, zu viel zu tun hat, das Haus verlässt oder zu viel Zeit nicht da ist?
- Vielleicht ist es Versagensangst oder Angst vor lauten Geräuschen oder es ist jemand, der uns unter Druck setzt, Erwartungen an uns hat, uns kritisiert oder beurteilt?

- Vielleicht ist es, dass jemand seine Wut auf uns ausdrückt oder dass wir einfach nur spüren, dass jemand wütend ist?
- Vielleicht ist es jede Art von Gewalt, sei es, dass sie gegen uns oder gegen jemand anderen gerichtet ist?
- Vielleicht sind es neue Orte oder unbekannte Situationen, oder wenn wir auf Reisen sind und die Sicherheit unseres gewohnten Zuhauses verlassen?
- Vielleicht ist es die Angst, dass wir uns verletzen könnten oder dass einer unserer Lieben sich verletzen oder krank werden könnte?
- Vielleicht ist es, etwas Neues zu beginnen, an einen fremden Ort zu gehen oder vor vielen Leuten zu sprechen?
- Vielleicht ist es, eine Prüfung abzulegen, an einem sportlichen Wettkampf teilzunehmen, in einer Menschenmenge oder mit neuen, uns unbekannten Menschen zusammenzusein?
- Vielleicht ist jede Art von Disharmonie ein Auslöser für uns?

Es braucht nicht viel, um uns in Aufruhr zu versetzen!

Übung

Nimm dir einen Augenblick Zeit, um zu sehen, welche Situationen in deinem Leben heute deine Angst oder einen Schockzustand bei dir auslösen.
Geh die Liste oben durch und schau, welche dieser Punkte zu deinen Auslösern gehören könnten.

7

Dein inneres Gespaltensein

> Nikolas, ein 42-jähriger Deutscher, kommt zum ersten Mal zu einem Seminar mit uns. Er hat nie vorher irgendein Seminar besucht, ist aber jetzt motiviert, weil die Beziehung zu seiner Frau und seinen Kindern nicht gut ist. Er fühlt sich überlastet mit der ganzen Verantwortung, die er auf der Arbeit hat. Er ist erschöpft und ausgebrannt und seine Gesundheit leidet darunter. Als Kind ist er darauf getrimmt worden zu glauben, dass Erfolg und Produktivität am wichtigsten sind. Er hat gelernt, jede Art von Angst und Unsicherheit zu ignorieren, denn er glaubt, dass sie mit seiner Fähigkeit, effektiv zu funktionieren, im Widerstreit stünden. Er muss sich auf das Ziel konzentrieren und sich zusammenreißen, um zu tun, was notwendig ist, um das Ziel zu erreichen. Als wir anfingen, den Teilnehmern zu helfen, mit ihrem ängstlichen Anteil Kontakt aufzunehmen, klagte er, dass er „nichts fühlen" konnte. Er wollte schnelle und praktische Lösungen für die Probleme in seinem Leben und war frustriert, dass unsere Herangehensweise diese Lösungen nicht schnell genug herbeiführte.

Nikolas hat eine extreme Spaltung zwischen zwei Persönlichkeitsanteilen. Ein Teil von ihm, und diesen Teil haben wir alle in uns, ist der, den wir „der funktionierende Erwachsene" nennen. Dieser Teil von uns schätzt Disziplin, Erfolg, Effektivität, Produktivität, Resultate, Lebendigkeit, schnelle, praktische Lösungen, nicht abgelenkt zu werden. Dieser Teil hat keine Zeit für und keine Geduld mit Niederlagen, Langsamkeit, Genusssucht, Angst, Unsicherheit oder Schock.

Dann gibt es einen anderen Teil in uns, „das verängstigte und schockierte Kind". Dieser Teil von uns lebt mit ständigen Erinnerungen an Grenzüberschreitungen und Vernachlässigung. Er lebt mit Erinnerungen an Ereignisse der Vergangenheit, bei denen wir hilflos und außer uns vor Angst waren. Als wir klein waren, konnte selbst der geringste Mangel an Fürsorge oder die geringste Unsensibilität, besonders wenn sie unvorhersehbar war und sich wiederholte, ein Gefühl des Terrors hervorrufen und die Angst, das nicht zu überleben. Wonach sich dieser Teil in uns am meisten sehnt, ist Sicherheit, Zartheit, Fürsorge und Sensibilität.

Wenn wir, wie in Nikolas' Fall, unseren ganzen Fokus, unsere Aufmerksamkeit und Energie auf den funktionierenden Erwachsenen gerichtet haben, lassen wir unser verängstigtes Kind im Stich und verlieren den Kontakt zu ihm oder ihr. Und höchstwahrscheinlich verurteilen wir unsere eigene Angst und Unsicherheit und auch die von anderen. Wir können leicht ungeduldig, verurteilend, kritisch, hart und fordernd werden, und aus dieser Haltung heraus können wir andere missbrauchen.

> Nikolas erzählte uns später im Workshop, dass er seinen Sohn genauso geschlagen hatte wie sein Vater ihn. Er glaubte, dass das seinem Sohn nur helfen würde, stärker zu werden und konnte nicht verstehen, welche tiefgreifenden Auswirkungen es für dessen Nervensystem hatte.

In diesem Fall, wenn wir eine Spaltung zwischen diesen beiden Teilen in uns haben, wird sich das verängstigte innere Kind verstecken, sich aber auf indirekte Art und Weise zeigen.

Es kann die Ursache dafür sein, dass wir Unfälle haben, krank oder deprimiert werden, einen Burn-out bekommen oder es kann unsere Bemühungen um Erfolg sabotieren.

In der Tat können wir, wenn wir von unserem ängstlichen inneren Anteil stark abgeschnitten sind, extreme Schwankungen zwischen viel Energie und Mutlosigkeit haben, mal fühlen wir uns sehr lebendig und kreativ und dann sind wir plötzlich depressiv und haben keine Motivation. Vielleicht leiden wir unter lähmenden Rückenschmerzen oder plötzlichen Panikattacken. Oder wir werden sehr launisch und wissen nicht warum und was geschehen ist, das unsere Launen ausgelöst hat.

In diesen Augenblicken hat unser verängstigtes Kind das Steuer übernommen. Manche von uns haben die umgekehrte Richtung von Nikolas eingeschlagen. Sie sind mutlos geworden, haben sich in ihren verängstigten Anteil zurückgezogen und haben ihre natürliche Lebendigkeit, Energie, Neugierde, ihren Enthusiasmus, ihre Abenteuerlust und ihre Freude verloren.

Zum Beispiel Arun, ein 35-jähriger Israeli, wurde von seinem Vater sehr stark unter Druck gesetzt, in dessen Fußstapfen als erfolgreicher Arzt zu treten. Arun hatte überhaupt kein Interesse daran, Medizin zu studieren, konnte aber seinen beruflichen Weg nicht recht finden. Er nahm einige Jahre Drogen, lebte in Wohngemeinschaften und hatte allemöglichen Jobs, um sich über Wasser zu halten. Sein Vater verurteilte ihn und machte ihm Druck, irgendeine anständige Arbeit zu finden, aber Arun wurde depressiv und verlor jegliche Motivation, überhaupt zu arbeiten. Er kämpft immer noch damit, seinen Weg zu finden und von seiner Drogenabhängigkeit loszukommen.

Wir können diese innere Spaltung heilen, indem wir zwischen den beiden Teilen in uns eine Verbindung wiederherstellen.

Es gibt eine Reihe von hilfreichen Wegen, dies zu tun:

- Wir können Freunde, denen wir vertrauen, bitten, uns Feedback zu geben, wie sie die Spaltung zwischen unserem funktionierenden Erwachsenen und unserem verängstigten Kind erleben.
- Wir können anfangen, unsere Kinder (wenn wir Kinder haben) als Spiegel unseres verängstigten Kindes zu sehen, besonders in Augenblicken, in denen sie Angst haben oder unsicher sind. (Kinder haben generell eine viel tiefere Verbindung zu ihrer Sensibilität und haben noch nicht diese tiefe Spaltung zwischen ihren beiden inneren Anteilen.)
- Wir können anfangen, uns Zeit zu nehmen, unseren verängstigten und geschockten Anteil zu beobachten und zu fühlen. Wie wir das tun können, werden wir in einem der folgenden Kapitel näher beschreiben.

8

Mit Angst und Schock umgehen lernen

Anton, ein 49 Jahre alter Mann, leidet unter chronischen Angstzuständen. Er arbeitet ziemlich weit oben in der Hierarchie einer Finanzberatungsgesellschaft und macht sich ständig Sorgen über die wirtschaftliche Situation und das Wohlergehen seiner Klienten. Wenn wir mit ihm sprechen, redet er so schnell, dass man ihm kaum folgen kann und er scheint ständig in Eile zu sein.
Wenn wir ihn bitten wahrzunehmen, was er in seinem Körper spürt, während er spricht, sagt er: „Ich kann gar nichts fühlen."
Wir fragen: „Spürst du eine Enge in deiner Brust, deinem Bauch oder deinen Schultern?"
„Naja, jetzt, wo du es erwähnst, fühle ich die Enge überall. Aber das ist immer so."
„Was nimmst du bezüglich deiner Atmung wahr?", fragen wir ihn.
„Meine Atmung ist flach."
„Was nimmst du sonst noch wahr?"
„Ich fühle mich ängstlich, als wenn ich mich immer beeilen muss, ich habe nie genug Zeit. Ich kann keine Pause einlegen. Und ich habe Schmetterlinge im Bauch. Ich habe Angst, dass etwas Schlimmes passieren wird. Deswegen rede und bewege ich mich schnell. Ich kann nichts langsam tun!"

„Wenn du daran denkst, wie fühlt es sich dann in deinem Körper an?"
„Es wird nur schlimmer. Ich kann mich nicht entspannen, außer wenn ich ein paar Drinks nehme."
Anton hat sich nicht die Zeit genommen, seinen Körper zu fühlen.

Aber wenn wir seine Aufmerksamkeit darauf lenken, wie er den Stress erlebt, kann er sehen, dass sein Körper ihm die ganze Zeit Zeichen gibt.

Wir haben gesagt, dass der erste Schritt zur Heilung unserer Angst darin besteht wahrzunehmen, wie wir vermeiden, die Angst zu fühlen und zu konfrontieren. Der zweite Schritt beinhaltet zu verstehen und zu fühlen, woher die Angst kommt. Im dritten Schritt werden wir gewahr, was unsere Angst und unseren Schock heute auslöst.

Der vierte Schritt, mit dem wir unsere Angst heilen, ist, sich unserer Körperempfindungen bewusst zu werden.

Mit Fühlen meinen wir, sich bewusst zu werden, welche körperlichen Empfindungen sich im Körper manifestieren, wenn wir Angst und Schock erleben. Aktive Angst und erstarrte Angst fühlen sich verschieden an, was das körperliche Spürempfinden betrifft.

Die Übererregtheit, die wir fühlen, wenn unsere Angst die Oberhand gewinnt, verursacht eine Entladung nervöser Energie. Du kannst sie leicht wahrnehmen, wenn du darauf achtest und weißt, wie es sich anfühlt. Manchmal können die Panik und die Übererregtheit sich sehr unangenehm anfühlen.

Zum Beispiel hatte Laura regelmäßige Panikattacken ohne ersichtlichen Grund. Sie beschreibt diese Attacken als vernichtend und furchterregend. Sie sagt, dass sie dann die Leere und Dunkelheit fühlt und ein leeres Gefühl im Bauch hat. Sie fängt an, sich unkontrollierbar zu schütteln und hat Angst, dass das nie wieder aufhören wird. In der Vergangenheit hat sie Tabletten gegen diese Attacken genommen, aber jetzt zieht sie es vor, es zu versuchen, mit diesen Attacken fertigzuwerden, ohne Medizin zu nehmen.

Erstarrte Angst oder Schock zu fühlen, ist eine noch größere Herausforderung. Sie sind schwieriger zu fühlen als aktive Angst, weil wir im Schockzustand unsere Gefühle und Körperreaktionen nicht wahrnehmen. Aber es ist nicht so, dass nichts im Körper passieren würde, es passiert sogar sehr viel, wir müssen nur lernen, es zu erspüren.

Simone, eine 38-Jährige, scheint nicht ganz hier zu sein und keine Energie zu haben. Ihr Mann hat Wutausbrüche und schreit sie und die Kinder regelmäßig an. Ihr Vater hat sich ähnlich verhalten und sie ist es gewöhnt, dass Männer aggressiv sind. Sie hat das ausfallende Verhalten ihres Mannes lange geduldet, ohne etwas zu sagen.
Als wir sie fragen, wie sie sich fühlt, wenn er sie anschreit, sagt sie: „Ich habe mich daran gewöhnt. Er ist gestresst wegen seiner Arbeit und lässt einfach nur Dampf ab."
„Meinst du, dass dieses Verhalten dich oder die Kinder beeinflusst?" fragen wir.
„Ja, natürlich beeinflusst es uns. Aber so ist es nun mal."
„Stellen wir uns einmal vor, dass dein Mann hier mit uns ist und er schreit dich an. Wie fühlst du dich in deinem Körper?"
„Also, darüber habe ich noch nie nachgedacht. Aber jetzt wo ihr mich fragt, fühle ich mich wie betäubt."
„Nimmst du noch irgendetwas anderes wahr?"
„Ich fühle mich so, als wäre ich nicht wirklich hier. Es ist, als würde ich mir einen Film ansehen, in dem jemand rumschreit und ich schaue nur aus der Entfernung zu."
„War das auch so, wenn dein Vater rumgeschrien hat?"
„Ja. Genau so bin ich damit zurechtgekommen."
„Hast du jemals daran gedacht, etwas zu deinem Mann zu sagen, wenn er schreit?"
„Natürlich habe ich daran gedacht! Aber in dem Moment, wo es dann passiert, fallen mir die Worte nicht ein. Auch wenn ich vorher weiß, was ich dann sagen will – wenn es soweit ist, bin ich total verwirrt."

„Hast du irgendwelche Emotionen, wenn er schreit?" fragten wir.
„Nein, ich fühle gar nichts. Es ist, als wenn alle meine Gefühle abgeschaltet sind."
„Wirst du wütend, wenn er die Kinder anschreit?"
„Ja, ein bisschen. Aber es nützt ja nichts. Er wird sich nicht ändern. Und er hat viel Stress auf der Arbeit, also muss ich es ertragen."
Simones Erfahrung beschreibt, wie viele von uns sich fühlen, wenn wir im Schock sind.

Das Gefühl von Enge in der Brust, flache Atmung, Taubheit und ein Gefühl, nicht richtig da zu sein, sind eine fast ebenso häufige Reaktion auf Missbrauch wie die Unfähigkeit, überhaupt irgendetwas zu fühlen.

Aber es ist nicht so, dass im Körper nichts passieren würde. Wenn wir genau darauf achten, sind wir unter Umständen in der Lage, die Taubheit als körperliches Gefühl wahrzunehmen. Und in dem Moment, wo unser Schock ausgelöst wird, spüren wir vielleicht unsere Tendenz zu dissoziieren (aus dem Körper herauszugehen) und haben das Gefühl, alles aus der Entfernung zu beobachten.

Es kommt auch sehr häufig vor, dass wir eine Erklärung für den Schock finden und ihn kleiner machen als er ist oder den Missbrauch wegleugnen oder irgendeine Erklärung oder Entschuldigung dafür finden, warum der andere sich so verhalten hat.

Übung

Untersuche die Auslöser für Angst und Schock, die wir oben erwähnt haben, näher. Erinnere an das letzte Mal, als einer dieser Auslöser in deinem Leben vorkam.

- Haben deine Symptome in dieser Situation aktive oder erstarrte Angst (Schock) angezeigt?
- Was hast du in deinem Körper wahrgenommen – in deinem Brustkorb, an deiner Atmung, deinem Bauch, deinem Nacken und deinen Schultern, deinem Mund, deinem Herzschlag, der Hauttemperatur?
- Welche Art von Schockgefühl hattest du – Taubheit, aus der Distanz beobachten (Dissoziieren) oder nicht ganz da sein (Abwesenheitsgefühl)?
- Wenn es eine Missbrauchssituation war, machst du den Missbrauch kleiner als er in Wirklichkeit war, indem du das Verhalten des anderen entschuldigst oder Erklärungen dafür findest, warum er oder sie sich so verhalten hat?

Geführte Meditation, um sich Angst und Schock bewusst zu werden

Wir laden dich ein, dir dessen ganz bewusst zu werden, wie sich dieser Schockzustand bei dir zeigen kann.
Wie wir gesagt haben, ist Schock schwerer zu fühlen als aktive Angst, weil du dich vielleicht wie betäubt fühlst, die Tendenz hast zu dissoziieren, oder du vielleicht eine erstarrte Energie in deinem Körper wahrnimmst.
Vielleicht spürst du, dass dir etwas den Hals zuschnürt und die Brust enger wird, deine Atmung ist flach, die Gedanken

rasen oder sind verwirrt, du kannst dich nicht konzentrieren. Lenke langsam deine Aufmerksamkeit auf diesen Schockzustand und lass ihn einfach da sein. Atme dorthin, und dein Atem wird dich bewusster machen, wie du diesen Zustand wahrnimmst.
Dein Körper kann auch anzeigen, dass du dich in einem Angst- oder Schockzustand befindest, durch Kopfschmerzen, Rückenschmerzen, Krämpfe, Verdauungsstörungen mit Durchfall oder Verstopfung, Schlafstörungen oder indem du dich chronisch müde fühlst.
Egal, ob deine Angst sich durch Nervosität, Eile, Schock oder körperliche Symptome zeigt, wir laden dich ein, sehr wachsam mit diesen Zeichen umzugehen.

Gib dir die Erlaubnis, langsamer zu werden und deine Aufmerksamkeit diesen Anzeichen zuzuwenden.
Hole langsam und tief Luft, während du sie fühlst.
Stell dir vor, dass du sehr aufmerksam mit dem kleinen Kind in dir umgehst, das Angst hat.
Fühle das Kind. Vielleicht hast du ein inneres Bild von ihr oder ihm und weißt, dass diese Angst und dieser Schock dort seit ganz langer Zeit sitzen. Erst jetzt hat sie etwas an die Oberfläche befördert und sie zeigen sich.
Nimm dir ganz viel Zeit und gib dir viel Raum, um mit der Angst und Erstarrtheit zu sein, als wenn du deine ganze Bewusstheit benutzt und alles daran setzt, um mit der Angst in deinem Körper präsent zu sein.
Sei so präsent wie du kannst, egal, was du in deinem Körper oder in deinen Gedanken wahrnimmst.
Wenn du dich überwältigt fühlst, lass auch das zu, es kann ein Teil des Schocks sein.
Vielleicht nimmst du wahr, dass du Gedanken hast, die dir

sagen, dass du ein Schwächling oder ein Versager bist.
Vielleicht ist da eine Stimme, die sagt: „Ich kann mich nicht bewegen. Ich kann gar nichts machen. Ich bin wie gelähmt. Alles ist zuviel!"
Oder: „Reiß dich zusammen! Hör auf, solche Angst zu haben! Tu was!"
Wenn du solche Gedanken hast, lass sie da sein und beobachte sie. Sende bewusst Wärme dahin, als wenn du die Erstarrtheit schmelzen und die Angst mit deiner Liebe beruhigen könntest.
Stell dir vor, dass dein Herz Liebe aussendet und diese Erstarrtheit schmilzt. Erlaube den Schwingungen deines Herzens, den Schock zu schmelzen.

Wenn du in Situationen kommst, die dir Angst machen und wenn deine Angst oder dein Schock hochkommen, erlaube dir, langsamer zu werden, mit dir präsent zu sein von einem Moment zum nächsten, und du wirst sehen, dass du langsamer werden und bewusst atmen kannst.
Es hat sehr heilende Wirkung, dir Zeit zu lassen, bei dir zu bleiben.
Wenn Angst und Schock hochkommen, lasse sie zu, ohne sie zu verurteilen.
Deine Liebe und dein Verständnis bringen tiefe Akzeptanz mit sich. Dich selbst zu lieben, auch wenn du Angst hast, bringt deine sensibelste Seite zum Vorschein und offenbart einen verborgenen Schatz.

9

Die rote Zone

Marco und Sandra sind beide Künstler und arbeiten als Glasbläser. Sie verkaufen ihre wunderschönen Kunstgegenstände auf Kunstmessen an verschiedenen Orten. Jedes Mal, wenn sie zu einer Messe fahren wollen, müssen sie, um die Stücke zu schützen, alles vorsichtig auf ihren Anhänger laden. Sie müssen lange Strecken fahren und schließlich ihren Stand frühmorgens aufbauen, um bereit zu sein für die Messe. Beide sind sehr gestresst an den Tagen vor der Messe, während sie in Windeseile versuchen, alles rechtzeitig zu schaffen. Sie gehen nicht besonders freundlich miteinander um und jede Kleinigkeit kann in einen Riesenstreit ausarten.
Manchmal sind diese Auseinandersetzungen so heftig, dass beide die Scheidung einreichen wollen. Während der Messe, je nachdem, ob sie gut verkaufen oder nicht, bleiben sie entweder gestresst oder sie fangen an, sich wieder zu entspannen. Wenn sie viel verkauft haben, geht es ihnen wunderbar und sie können wieder sehr liebevoll miteinander sein. Sie haben erkannt, dass ihre Auseinandersetzungen nichts mit ihrer Beziehung zu tun haben und es hat ihnen sehr geholfen einzusehen, dass sie beide einfach aktiviert werden durch den Stress und die Anspannung, die es mit sich bringt, für eine Messe aufzubauen und während der Messe am Stand zu sein.

Stell dir ein Barometer vor – ein Halbkreis mit einer Nadel in der Mitte. Der Halbkreis ist in drei gleich große Teile unterteilt. Auf der linken Seite ist, was wir „die Entspannungszone" nennen, in der Mitte ist „die Spannungszone" und rechts ist, was wir „die rote Zone" oder „die überwältigte Zone" nennen.

Normalerweise leben wir in der Mitte, in der „Spannungszone".

Dort besteht, was wir „die Grundangst" nennen. Es ist eine Angst, die fast immer da ist, aber weil wir diese Angst und diese Anspannung schon so lange haben und uns vielleicht so daran gewöhnt haben, nehmen wir sie unter Umständen nicht als Angst wahr, sondern eher als normalen und bekannten Zustand. Wir haben uns daran gewöhnt, uns damit arrangiert und gelernt, damit zu leben.

Wir leben aus vielerlei Gründen in diesem Zustand unterschwelliger Anspannung.

Diese Anspannung beruht auf der ständigen Anspannung früher Traumata, die unser Nervensystem noch immer beeinträchtigen und die nicht gelöst worden sind. Wir haben Angst, bestraft, verurteilt oder kritisiert zu werden, wenn wir etwas falsch machen.

Die Anspannung kommt auch daher, dass wir uns selbst verurteilen, unter Druck setzen, drängen und kritisieren, weil wir anders sein sollten als wir sind. Und von all den Idealen, die wir haben und die besagen, wie wir sein sollten.

Es ist diese konstante und häufig unbewusste Grundangst und innere Anspannung, die unseren Körper belastet und in chronischen Rückenschmerzen, Verdauungsbeschwerden, Hautproblemen, Tinnitus und anderen chronischen körperlichen Problemen ihren Ausdruck findet. Wir haben bereits einige von ihnen im vorangegangenen Kapitel erwähnt.

Unsere Neigung, Alkohol zu trinken, Zigaretten oder Marihuana zu rauchen, Medizin zu nehmen, Sex zu missbrauchen oder uns auf alle möglichen Arten abzulenken, sind lediglich ein Symptom dieses chronischen Stresszustandes.

Manchmal, wenn du eine gute Massage bekommen oder an einer

entspannenden Yogastunde teilgenommen oder meditiert hast, wenn du wunderbar Liebe gemacht hast, sodass es dich erfüllt, wenn du dich beim Sport verausgabt hast, in einem Spa oder in den Ferien gewesen bist, dann hast du vielleicht eine Kostprobe von der „Entspannungszone" bekommen.

Wir alle sehnen uns danach, in dieser Zone zu sein.

Wir träumen davon, längerfristig entspannt zu sein und inneren Frieden zu finden. Wir wollen frei sein von Stress und wenn wir uns beklagen, liegt es häufig daran, dass wir in der „Spannungszone" sind und uns nach der „Entspannungszone" sehnen.

Und unsere Sehnsucht nach dieser Entspannung ist es, die uns zu Drogen greifen lässt, die kurzfristig Entspannung herbeiführen. Es ist ein wunderbares Gefühl, aber es hält nicht an, wenn wir es von einer Droge bekommen. Sobald wir wieder dem Alltagsstress ausgesetzt sind – Arbeit, familiäre Verpflichtungen oder andere Verantwortlichkeiten, dann befinden wir uns wieder in der Spannungszone.

Weil wir bereits mit dieser konstanten inneren Anspannung herumlaufen, kann uns jeder Stress, der zusätzlich von außen auf uns zukommt, wie zum Beispiel hohe Arbeitsbelastung, ein Familienkonflikt, gesundheitliche Faktoren, ein Verlust, eine Ablehnung oder Niederlage, eine Warteschlange oder ein Verkehrsstau, leicht in „die rote (oder überwältigende) Zone" katapultieren.

Wenn wir uns in der roten Zone befinden, wird unser Nervensystem hyperaktiv oder schaltet ab und geht in Schock. Mit anderen Worten zeigt sich das entweder als aktive oder als erstarrte Angst.

Wenn wir auf diese Art und Weise aktiviert sind, sind wir leicht gestresst, reaktiv, emotional, ungeduldig, verurteilen uns und andere, werden wütend, aggressiv oder wir schotten uns ab und dissoziieren.

Wenn wir uns in der überwältigten Zone befinden, fühlen wir uns bedroht und wollen nichts wie weg.

Wenn wir uns körperlich nicht von der Stelle bewegen können, dissoziieren wir.

Vielleicht wollen wir sogar zuschlagen, weil wir so gestresst sind.

In diesem Zustand werden wir am stärksten das Gefühl haben, uns mit Drogen beruhigen oder irgendeine Ablenkung finden zu wollen, nur um die Anspannung zu reduzieren.

Oder wir werden vielleicht einen Streit provozieren, wenn wir in der roten Zone sind, und wir wollen jemandem andern die Schuld dafür in die Schuhe schieben. Das geschieht fast zwanghaft.

Viele unserer Probleme haben weniger mit der Situation oder demjenigen zu tun, der oder die uns provoziert hat, sondern vielmehr damit, dass unser Nervensystem gestresst ist und wir uns in der roten Zone befinden. Es ist sehr hilfreich beurteilen zu können, in welchem Zustand sich dein Nervensystem im Moment gerade befindet. Wir können beobachten, wie die Nadel unseres Angst-/Spannungsbarometers von links nach rechts schwingt, in Abhängigkeit von den Umständen in uns und um uns herum.

Je sicherer wir uns fühlen und je mehr wir in der jeweiligen Umgebung zu Hause sind, desto weniger Angst und Anspannung werden da sein. Je besser wir uns mit uns selbst fühlen und je mehr Selbstvertrauen wir haben, desto weniger Angst und Anspannung werden da sein.

Wenn wir uns entspannen, weil wir mit einem geliebten Menschen zusammen sind, in der Natur spazierengehen, uns ruhige Musik anhören, mit einem Tier oder einem kleinen Kind zusammen sind, dann stellen wir vielleicht fest, dass unsere Nadel nach links schwingt und wir in die Entspannungszone kommen.

Übung

Fang an, dein Angst- und dein Anspannungsniveau in deinem Alltag regelmäßig wahrzunehmen.

- Nimm wahr, was dich dazu bringt, dass die Nadel nach rechts ausschwingt in Richtung auf mehr Anspannung hin oder sogar in die rote oder überwältigte Zone.
- Nimm wahr, wie du dich fühlst, wenn du anfängst, in die rote Zone zu kommen.
- Nimm wahr, wie du zu reagieren beginnst.

10

Angstdenken

Es ist wichtig, nicht nur die körperlichen Symptome zu beobachten, die durch Angst hervorgerufen werden, sondern auch unser Angstdenken.

Sich seiner Angstgedanken bewusst zu werden, ist der fünfte Aspekt, wenn es darum geht, Angst zu heilen.

Angstdenken sind all die negativen Gedanken, die du hast, wenn du Angst oder Schock erlebst. Es kommt häufig vor, dass wir ganz schnell negative Gedanken haben, wenn etwas unsere Angst an die Oberfläche kommen lässt, zum Beispiel mögen wir Gedanken haben wie:

- Dies ist zuviel!
- Das kann ich nicht verkraften.
- Warum passiert das mir?
- Ich muss diese Angst so schnell wie möglich loswerden!
- Was kann ich tun, damit die Angst weggeht?
- Irgendetwas mit mir stimmt ganz und gar nicht, wenn mir so etwas passiert.
- Irgendetwas stimmt mit dem/der anderen nicht.
- Ich muss mich verteidigen.
- Man kann unmöglich einem Menschen oder dem Leben vertrauen.

- Ich muss es verdient haben, so behandelt zu werden.
- Darüber sollte ich inzwischen hinweg sein.
- Warum macht mir dies so viel aus, es sollte mir nichts ausmachen!
- Ich bin so schwach und dumm.

Wenn wir solche Gedanken haben, ist es schwer und oft unmöglich, zu fühlen, was im Körper vor sich geht und mit dem körperlichen Spürerleben präsent zu bleiben. Es ist aber möglich, deine Gedanken mit ein wenig Abstand zu beobachten und zu verstehen, dass sie durch die Angst entstehen. Und dann langsam zu beginnen, sie aus einer größeren Perspektive zu sehen.

Es gibt positive Gedanken, die dich darin unterstützen, dies näher zu untersuchen und die dir dabei helfen können, mit Angst und Schock präsent zu bleiben, wie zum Beispiel:

- Ich habe genügend Raum in mir, um mit dieser Angst und/oder diesem Schock präsent zu sein.
- Wenn ich mit dieser Erfahrung und diesen Gefühlen präsent bleibe, werden sie vorübergehen.
- Meine Angst fühlen, beobachten und annehmen zu lernen und mit ihr zu sein, ist ein wesentlicher Schritt meines spirituellen und emotionalen Wachstums.
- Diese Angst-Erfahrung ist eine Herausforderung für mich, die mich lehren kann, innerlich mehr Raum zu bekommen.
- Es ist nur am Anfang intensiv. Nach einiger Zeit wird mein Nervensystem sich langsam beruhigen."
- Wenn ich lernen kann, mit meiner Angst und meinem Schock präsent zu bleiben und diesen Teil von mir sogar zu lieben, werde ich auch die Fähigkeit erlangen, mit einem anderen Menschen intim zu sein und in der Liebe tiefer zu gehen.
- Ich brauche und möchte nicht gerettet werden.

- Ich brauche jetzt nichts richtig zu machen, ich muss es nur fühlen und beobachten. Es kommt niemals etwas Gutes dabei heraus, wenn ich aus der Angst heraus handele oder wenn ich mich von meinen Gefühlen ablenke.
- Wenn ich handeln muss, werde ich warten, bis sich mein Nervensystem beruhigt hat und sich meine innere Weisheit von sich aus meldet.

Es ist eine Herausforderung, sich nicht in den negativen Gedanken zu verlieren. Sie entstehen aus der Angst heraus; sie sind vertraut und sehr gewohnheitsmäßig.

Wenn diese negativen Gedanken Oberhand gewinnen und wir ihnen Glauben schenken, können wir uns schnell überwältigt fühlen, weil uns diese Gedanken in die rote Zone katapultieren.

Wie können wir das Ganze aus einer größeren Perspektive betrachten und die Situation positiv sehen?

Wenn es uns gelungen ist, eine Panikattacke tatsächlich hinter uns zu lassen, dann wissen wir, dass sie vorübergeht und wir sie überstehen können.

Wir können die neue Art, mit Angst und Panik positiv umzugehen, in Momenten üben, in denen wir keine Angst haben. Diese liebevollen Gedanken, die uns ermutigen, sind in der Tat wichtige Wahrheiten, die den Weg zu emotionalem und spirituellem Wachstum definieren.

Sie sind wesentliche Brücken und können uns in den Situationen helfen, in denen wir Angst und Verzweiflung erleben.

Jeder dieser positiven Gedanken, die wir oben vorgestellt haben, sind verschiedene Aspekte dessen, was wir alle lernen müssen, um unsere Seele zu stärken.

Und sie sind gar nicht so sehr Gedanken, sondern mehr wie ein inneres Wissen oder unsere innere Weisheit, die uns führt.

Übung

Wir laden dich ein, jeden dieser positiven Gedanken, die wir oben aufgeführt haben, tief in dich hineinzulassen.

- Schau, ob du fühlen kannst, dass sie in deinem Leben zutreffen.
- Denke darüber nach, wie es dein Leben verändern könnte, diesen Gedanken in deinem Bewusstsein zu haben.

Wenn du das nächste Mal Angst hast:

- Übe bewusst von deinen negativen Gedanken auf diese innere Weisheit umzuschalten.
- Fühle, wie dieses Umschalten deine Fähigkeit verbessert, mit der Angst umzugehen.

11

Wie du alte Traumata re-inszenierst

Maria ist eine 32-Jährige, die immer wieder Beziehungen mit Männern eingeht, die gewalttätig sind und sie missbrauchen und erniedrigen. Mit ihren eigenen Worten fühlt sie sich immer von „Buhmännern" angezogen. „Sie sind aufregend, der Sex ist heiß und ich liebe die Gefahr." Sie ist attraktiv, sexy und kleidet sich provozierend. Sie gibt auch bereitwillig zu, dass sie auf Partys Drogen wie Kokain und Marihuana nimmt und regelmäßig Alkohol missbraucht. In ihrer Kindheit hatte ihr Vater häufig Wutanfälle und schlug dann gewöhnlich ihre Mutter. Beide Elternteile waren oft betrunken. Als Kind zog sie sich in ihr Zimmer zurück und erschuf sich eine Fantasiewelt. Als Teenager war sie die meiste Zeit nicht zu Hause, nahm Drogen und führte ein wildes Leben. Sie kommt zu uns in Therapie, weil sie erkennt, dass sie diesen Lebensstil nicht weiter fortsetzen kann und weil sie gern eine andere Art von Männern kennenlernen würde.

„Wenn du genauer hinsiehst, was findest du dann an einem Mann anziehend, der gewalttätig ist und dich schlecht behandelt?", fragen wir sie.

„Die Aufregung sorgt dafür, dass ich mich lebendig fühle, weil ich mich im tiefsten Innern tot fühle. Meistens, besonders beim

Liebemachen, bin ich nicht wirklich da. Aber der gewaltsame Sex ist wie eine Droge, der mir hilft, wenigstens irgendetwas zu fühlen."

„Bist du immer mit dieser Art von Mann zusammen gewesen?"

„Naja, ein paar Mal war ich mit sanfteren Männern zusammen, die mich besser behandelt haben, aber ich konnte ihnen auf der Nase herumtanzen. Sie konnten sich gegen mich nicht durchsetzen."

Maria ist in tiefem Schock. Sie fühlt sich aus vielerlei Gründen von gewalttätigen Männern angezogen.

Erstens sind diese Männer wie ihr Vater. Ihr ursprüngliches Bild dessen, wie ein Mann ist, basiert darauf, wie ihr Vater war – selbstsüchtig, gewalttätig, unsensibel und wütend. Wir fühlen uns, wenn wir heterosexuell veranlagt sind, natürlicherweise vom gegengeschlechtlichen Elternteil angezogen; wenn wir homosexuell veranlagt sind, von dem Elternteil, der von unserer Energie am verschiedensten ist, denn so sind wir tief in unserem Unterbewusstsein programmiert.

Zweitens ermöglicht ihr die Anziehungskraft von Gewalt, wildem Sex und Drama, sich lebendig zu fühlen, denn innerlich fühlt sie sich tot. Wenn wir tiefen Schock erlebt haben, fühlen wir uns häufig von Macht, Drogen, Wildheit, extremen Sportarten, gewalttätigem Sex oder intensiven Konflikten angezogen, damit wir überhaupt etwas fühlen können.

Drittens zieht sie gewalttätige Menschen an, um ihre starken Verteidungsmechanismen zu durchbrechen. Denn diese Art von Energie braucht sie, um sich verletzlich zu fühlen. Sie ist noch nicht soweit, dass sie genügend Vertrauen hätte, ihre Rüstung freiwillig fallenzulassen, daher braucht sie jemanden, der sie im Sturm erobert. Leider re-inszeniert sie mit dieser Dynamik lediglich ihr Trauma, was dazu führt, dass sie noch weniger Vertrauen hat und noch tiefer in Schock geht.

Schließlich fühlt sie sich von solchen Partner angezogen, weil sie unbewusst glaubt, dass sie, wenn sie lernen kann, ihn zu konfrontieren, es schaffen wird, über das Trauma hinwegzukommen, das sie durch ihren Vater erlitten hat. Wenn sie lernen kann, seiner Gewalt so zu begegnen, wie sie es ihrem Vater gegenüber nie vermochte, wird sie in der Lage sein, das Gefühl von Kontrolle und Macht über ihr Leben zu bekommen. Mit einem weniger kraftvollen Mann wäre sie niemals zufrieden. Tatsächlich wäre es so, dass sie, wenn sie mit einem Mann zusammen wäre, der seine Verletzlichkeit zeigte, zum Täter werden würde und ihn missbrauchen, verurteilen und kritisieren würde.

In der Folge eines Traumas können wir selbst Täter, Opfer oder Retter werden. Wenn wir als Kind Gewalt oder Vernachlässigung erfahren haben, können wir ins eine oder andere Extrem gehen und uns entweder missbrauchen lassen oder selbst andere missbrauchen.

Oder wir können auch zum Retter werden.

Diese Rolle übernehmen wir häufig, wenn wir einen Elternteil oder Eltern hatten, der oder die Drogen missbraucht haben oder emotional unbeständig oder mit ihrem Leben unzufrieden war(en). Wir glauben, dass es unsere Aufgabe und unser Ziel im Leben ist, den Menschen, dem wir nahe sind, zu retten und ihm oder ihr zu helfen.

So ist es bei Anna, einer 45-Jährigen, die mit einem Mann verheiratet ist, der regelmäßig betrunken nach Hause kommt und dann den Abend damit verbringt, sich im Fernsehen Fußball anzusehen. Es ist der dritte Mann, mit dem sie zusammen ist, der von Alkohol bzw. Drogen abhängig ist. Sein Vorgänger war auch ein Alkoholiker und der Mann davor war drogenabhängig. Sie hat es letztendlich geschafft, sich aus diesen Beziehungen zu lösen, wenn sie sah, dass sie nicht darauf hoffen konnte, dass diese Männer jemals trocken und/oder drogenfrei sein würden. Mit ihrem gegenwärtigen Ehemann fing alles gut an und erst später wurde klar, dass auch er ein Alkoholproblem hatte. Sie haben zwei gemeinsame Kinder, 8 und 10 Jahre alt, deswegen ist es viel schwieriger für sie zu gehen. Sie hat ihn gebeten, mit dem Trinken aufzuhören und er macht Versprechungen, die er dann nicht hält. Einmal, als sie sehr wütend auf ihn war, weil er trank, begann er an einem Zwölf-Schritte-

Programm teilzunehmen, er ging zu diesen Treffen und fand sogar einen Sponsor, aber nach zwei Monaten hörte er auf und ist nie dorthin zurückgekehrt. Sie lebt in der Hoffnung, dass sie ihn mit ihrer Liebe eines Tages dazu bewegen können wird, mit dem Trinken aufzuhören. Bei ihrem Vater hat das nie geholfen und es ist auch nicht sehr wahrscheinlich, dass es bei ihrem Ehemann zum Erfolg führt.

Die Vernachlässigungen durch einen Elternteil oder beiden, die von einer Droge abhängig sind, sind extrem, denn sie handhaben ihren Schmerz und ihre Angst auf dysfunktionale Weise. Ihr Verhalten ist unvorhersehbar und sie sind nie jemals wirklich mit dem Kind präsent.

Aber Vernachlässigung kann auch auf andere Art und Weise geschehen, und wenn du Vernachlässigung erlebt hast, wirst du wahrscheinlich in deinem Leben heute Vernachlässigung re-inszenieren.

Monika ist eine 39-Jährige, die als Krankenschwester in einer Allgemeinmedizinischen Klinik arbeitet. Sie ist attraktiv, liebevoll, sensibel und hat Tiefgang, aber ihre Beziehungen mit Männern waren nie besonders glücklich. Sie ist das jüngste von vier Kindern und hat sich als Kind immer ignoriert gefühlt. Sie weiß, dass sie nicht wirklich ein Wunschkind war und bezweifelt, dass ihre Mutter noch ein Kind wollte, als sie mit ihr schwanger wurde. Indirekt hat sie gefühlt, dass sie unwillkommene zusätzliche Verantwortung bedeutete.
Ihr Vater war nie zu Hause und hat sich nicht um die Erziehung der Kinder gekümmert. Ihre Mutter musste sich um eine ältere Schwester kümmern, die Lernschwierigkeiten hatte. Monika gewöhnte sich daran, allein zu sein und fühlte sich von beiden Eltern unwillkommen.
Als Erwachsene stellte sie immer wieder fest, dass sie sich von Männern angezogen fühlte, die aus dem einen oder anderen Grund nicht wirklich offen für eine Beziehung waren.
Ihre größte Enttäuschung in der Liebe war eine leidenschaftliche

Affäre mit einem Arzt in ihrer Klinik, der aber seine Frau nicht verlassen wollte und am Ende sie verließ.

Wenn wir Ablehnung gewöhnt sind, erwartet unser Nervensystem nichts anderes und trägt mit dazu bei, dass es wieder dazu kommt. Statt den Schmerz zu fühlen, wieder verlassen zu werden, finden wir vielleicht jemanden, bei dem keine Hoffnung besteht, dass er oder sie wirklich für uns offen sein wird. Unbewusst scheint diese Art von vorprogrammierter Ablehnung für unseren traumatisierten Geist leichter zu verarbeiten zu sein als wenn wir wirklich die Kontrolle aufgeben und uns auf eine Liebe einlassen würden, die nicht bereits im Voraus zum Scheitern verurteilt wäre.

Wir halten uns also an das, was wir bereits kennen.

Wir re-inszenieren Trauma nicht nur in unseren Beziehungen, sondern auch, wenn es um unseren kreativen Ausdruck geht. Trauma kann unsere Kreativität und unsere Lebensenergie sabotieren.

Als Kind brauchen wir natürlich Unterstützung und Anleitung, um unsere Gaben und das zu entdecken und auszudrücken, wofür wir leidenschaftlich brennen und einzigartiges Talent besitzen.

Dieser Prozess wird unterdrückt, wenn wir keine Unterstützung bekommen haben, oder schlimmer, wenn wir erniedrigt, kritisiert, unter unverhältnismäßigen Druck gesetzt worden sind und man Erwartungen an uns hatte oder Druck ausgeübt hat, jemand zu werden, der wir nicht sind oder etwas zu tun, das wir nicht tun wollen.

Manchmal fühlt sich ein Elternteil oder ein Lehrer dadurch bedroht oder ist neidisch, dass wir anders oder sehr lebendig sind. Unsere Einzigartigkeit kann die Regeln in Frage stellen, nach denen sie leben und die ihnen Sicherheit geben. Unsere Energie bewirkt unter Umständen, dass sie Entscheidungen, die sie für das Leben getroffen haben, in Frage stellen. Statt sich ihrer Angst zu stellen, erniedrigen und unterdrücken sie uns.

Oft bedeuten die Erwartungen eines oder beider Elternteile, dass wir konkurrieren müssen und unter dem Druck stehen, der oder die Beste zu sein. Dieser Druck kann sich innerlich sehr störend auf uns auswirken. Wenn wir heute versuchen uns auszudrücken, mögen wir wiederum diesen Druck spüren. Und statt uns unter Druck zu setzen, geben wir vielleicht unbewusst auf. Vielleicht entsprach es nie unserer Veranlagung, mit anderen zu konkurrieren, und aufzugeben kann unbewusst auch ein Weg sein, um gegen unsere Eltern zu rebellieren.

> Alegra ist eine 21-Jährige, die zu uns geschickt wurde, weil sie an chronischem Energiemangel, Lustlosigkeit und unerklärlichen körperlichen Schmerzen leidet. Als sie zu ihrer ersten Sitzung kommt, sitzt sie ziemlich passiv da und beantwortet die Fragen so, als wäre sie scheinbar unbeteiligt und nicht ganz da. Sie ist in einer sehr religiösen Familie aufgewachsen, die ziemlichen Druck ausgeübt hat, dass sie Erfolg haben, „ein nettes Mädchen" sein und immer ihr Bestes geben soll. Außerdem hat sie sich immer ihrer älteren Schwester unterlegen gefühlt, die aggressiver, sozialer und extrovertierter war und ist als sie. Alegras Depression ist in Wirklichkeit passiver Widerstand gegen den ganzen Druck und die Erwartungen, die sie erlebt hat. Von Natur aus ist sie ein sehr sensibler und introvertierter Mensch, das völlige Gegenteil ihrer Eltern und ihrer Schwester. Durch regelmäßige Einzelsitzungen hat sie angefangen zu verstehen, dass sie anders ist als der Rest der Familie und dass ihr Energiemangel eine dysfunktionale Art ist, Nein zu sagen. Sie hat neue Wege für sich entdeckt und gelernt, sie selbst zu sein.

Außer wenn wir sehr stark sind und trotz dieser negativen Energie durchhalten, wird unsere Motivation zur Selbsterkenntnis nicht so stark sein, wie sie sein sollte. Vielleicht haben wir zuviel Angst, Wut hervorzurufen oder von „den Großen" abgelehnt zu werden.

Oder es mangelt uns stattdessen an Motivation oder wir sabotieren jeden Versuch, unseren Ausdruck zu finden. Es ist, als würde eine versteckte innere Kraft uns davon abhalten, uns auszudrücken. Diese versteckte Kraft beruht auf negativen Erfahrungen in unserer Vergangenheit, als wir heruntergemacht wurden und man nicht auf uns eingegangen ist, als wir verletzlich und leicht beeinflussbar waren.

Es gibt auch noch eine andere wichtige Art und weise wie wir Trauma re-inszenieren.

Als Kind waren wir sehr leicht beeinflussbar. Wir sind wissbegierig und viel von dem, was wir lernen, kommt von unseren Eltern.

Eine unserer wichtigsten Lektionen besteht darin zu lernen, wie man mit Angst und Schmerz umgeht. Wenn wir miterlebt haben, wie unsere Eltern in gesunder Weise ihre Verletzlichkeit gefühlt, angenommen und gezeigt haben, lernen wir, das auch zu tun. Aber wenn wir gesehen haben, wie sie mit ihrem Schmerz und ihrer Angst umgegangen sind, indem sie Alkohol oder Drogen missbraucht, zu viel oder zu wenig gegessen, depressiv geworden sind oder Wutausbrüche bekamen, dann ist es diese Art von Verhalten, die wir lernen.

> Antonios Vater war Alkoholiker und hatte außerdem ständige Wutanfälle. Er kam regelmäßig betrunken nach Hause und immer, wenn er Stress mit dem Geld hatte oder irgendetwas nicht so war, wie er es zu Hause gern gehabt hätte, schrie er herum und gab jemandem anderen die Schuld. Sein Großvater war genauso. Weil Antonio sich seiner Familiengeschichte bewusst ist, trinkt er keinen Alkohol, aber er ist nicht in der Lage gewesen, die anderen Süchte, mit denen er aufgewachsen ist, zu vermeiden. Er bekommt einen Wutanfall und schreit seine Frau an, wenn er sich aufregt.

Diese Art Trauma hinterlässt sehr tiefe Spuren in uns. Wenn du heute in deinem Leben Schmerz oder Angst erlebst, besteht ein starke, unbewusste Neigung, den gleichen Weg einzuschlagen wie einer oder beide Eltern. Der erste Schritt in die richtige Richtung, um diese Muster zu durchbrechen, besteht darin, sie zu erkennen und die Verbindung zu früheren Erfahrungen zu sehen. Damit beginnt ein Heilungsprozess.

Dann ist es auch wichtig, den Schmerz zu fühlen, den dieses Muster hervorruft, und an einen Punkt zu gelangen, an dem der Schmerz größer ist, wenn wir einfach so weitermachen, als die Angst und der Schmerz sind, wenn wir damit aufhören würden.

Übung

Denk an dein Leben zurück und schau, ob du ein solches Familienmuster erkennen kannst.

- Neigst du dazu, Ablehnung zu re-inszenieren, indem du dich mit Menschen umgibst, die nicht wirklich offen für Kontakt sind?
- Hast du die Tendenz, dich von Partnern oder Freunden angezogen zu fühlen, die gewalttätig, ungnädig oder sogar erniedrigend mit dir umgehen?
- Hast du die Tendenz zu trinken, zu viel zu essen, wütend oder depressiv zu werden, wenn du dich gestresst oder überwältigt fühlst?
- Regst du dich auf oder wirst du wütend, wenn die Dinge nicht so laufen, wie du es gern hättest?
- Wenn du diese Art von Tendenzen bei dir wahrnimmst, hat sich einer oder haben sich beide Elternteil/e, mit denen du aufgewachsen bist, so verhalten? Welchen Preis zahlst du dafür, dass du dieses Muster fortführst?
- Was würdest du riskieren und wovor hättest du Angst, wenn du etwas anderes wählen würdest?

12

Deinen Beschützer finden

Wenn wir als Kind traumatisiert wurden, konnten wir uns nicht selbst beschützen. Wir hatten nicht die Ressourcen, um damit umzugehen, wenn niemand dafür gesorgt hat, dass wir uns sicher und beschützt fühlen konnten.

Wir hatten nicht die Kraft, mit Grenzüberschreitungen umzugehen oder mit der Nichtachtung unserer jungen Grenzen, die erst dabei waren, sich zu entwickeln.

Als Kind können wir uns nicht vorstellen, warum uns jemand verletzen wollen würde. Wir können uns auch nicht vorstellen, warum jemand nicht gut für uns sorgen wollen würde, denn wir sind unschuldig und vertrauensvoll und können nur Liebe begreifen. Und weil wir Liebe und Anerkennung ganz unbedingt brauchten, haben wir unseren Selbstrespekt geopfert und unsere Grenzen aufgegeben.

Als Kind waren wir nicht in der Lage, unserer Verletztheit Ausdruck zu verleihen, wenn wir vernachlässigt wurden. Wir konnten nicht Nein sagen, wenn wir unterdrückt wurden, wenn man uns unlogische Regeln gegeben hat und unangemessene Erwartungen an uns gestellt hat. Wir konnten nichts dagegen tun, wenn man uns dazu erzogen hat, Rollen zu spielen, die nicht altersgerecht waren oder wenn man uns mit Kritik und Urteilen erniedrigt hat.

Wir konnten nicht „Stopp!" sagen, wenn ein Elternteil uns angeschrien oder geschlagen oder unsere sexuellen Grenzen überschritten hat.

Und sogar heute mögen wir es schwer oder unmöglich finden, es zu fühlen, wenn man uns nicht respektiert. Wir sind nicht in der Lage, Grenzen zu setzen, weil wir so daran gewöhnt sind, dass man unsere Grenzen überschreitet.

Unter Umständen haben wir keine Verbindung zu der Instanz tief in unserem Innern, die weiß, wenn etwas nicht stimmt.

Wenn wir als Kind traumatisiert und missbraucht worden sind, haben wir die Verbindung zu dieser Basis in uns verloren.

Wir haben aufgehört, auf diese innere Stimme zu hören und haben uns daran gewöhnt, erniedrigt und missbraucht zu werden.

Wenn wir heute ähnliche Grenzüberschreitungen erfahren, verstehen wir vielleicht nicht, dass man uns nicht respektiert.

Vielleicht denken wir nicht einmal daran, dass wir für uns einstehen und etwas sagen oder weggehen könnten.

Oder falls wir daran denken, haben wir vielleicht zu große Angst, um etwas zu sagen oder zu tun – zu viel Angst vor der Wut des anderen davor, abgelehnt, bestraft oder noch schlimmer missbraucht zu werden.

Ein großer Teil unseres Heilungsprozesses besteht darin, diese Basis in uns wiederzufinden, die darum weiß, „wenn etwas nicht stimmt", wenn jemand unsere Grenzen nicht respektiert.

Wir müssen den Beschützer finden, den wir als Kind nicht hatten. Der Beschützer ist eine kraftvolle Energie, die vor unserem verletzlichen Selbst steht, unserem traumatisierten, geschockten Kind, das sich fürchtet, und uns gegen Beleidigungen, Erniedrigung, Missbrauch und jede Art von Missachtung schützt. Um unseren Beschützer zu finden, müssen wir die Wut darüber spüren können, dass unsere Grenzen überschritten und missachtet worden sind.

Zusätzlich zu unserer Angst gibt es noch weitere Dinge, die uns daran hindern, unseren Beschützer zu finden.

- Vielleicht sind wir dazu erzogen worden, höflich zu sein.
- Vielleicht haben wir die Tendenz, eine Verletzung, die uns zugefügt wird, zu verkleinern oder zu verleugnen.
- Vielleicht entschuldigen wir denjenigen, der uns invadiert, vergeben ihm oder analysieren ihn, statt die Wirkung und die Folgen zu spüren, die eine Grenzüberschreitung auf uns hat.
- Vielleicht sind wir in der Lage, Trauer statt Wut zu empfinden. Wir fühlten uns nicht sicher, wenn wir als Kind wütend wurden, denn vielleicht sind wir dafür verurteilt oder bestraft worden.
- Wir haben uns so daran gewöhnt, missachtet zu werden, dass es sich nicht mehr wie eine Missachtung anfühlt, sondern wie der Normalzustand.
- Tief in unserem Innern glauben wir nicht, dass wir Respekt verdienen.

Den Beschützer in uns zu finden beginnt damit, zu verstehen, was es heißt, wenn unsere Grenzen überschritten werden.

Jeder Mensch hat bestimmte Freiheiten – Gedankenfreiheit und die Freiheit, zu glauben und zu träumen, was er möchte und sich Dinge zu wünschen. Jeder Mensch hat ein Anrecht darauf, dass seine körperlichen, sexuellen, emotionalen und spirituellen Grenzen respektiert werden. Das heißt, niemand kann dir vorschreiben, was du zu glauben, tun, denken, fühlen oder dir zu wünschen hast und wie du dein Leben leben sollst.

Wir alle haben das Bedürfnis, dass die Menschen, die uns nahe stehen, ehrlich und vertrauenswürdig sind und wir uns auf sie verlassen können.

Und wenn das nicht der Fall ist, können wir damit unter Umständen nicht gut umgehen und werden chronisch wütend, depressiv, ziehen uns zurück oder zeigen Suchtverhalten.

Ein gesünderer Weg wäre es, etwas zu sagen und unsere Gefühle auszudrücken. Und es würde besser funktionieren, Grenzen zu setzen, wenn die Situation es erfordert.

Hier sind ein paar Beispiele für direkte Grenzüberschreitungen:

- Wenn uns jemand sagt, was wir denken oder fühlen oder was wir tun oder sagen sollten, ohne dass wir um Rat gebeten haben.
- Wenn jemand sich mit uns verabredet und ständig zu spät oder gar nicht erscheint.
- Wenn jemand uns in irgendeiner Art und Weise droht – mit Gewalt, Ablehnung, Bestrafung oder Schweigen.
- Wenn jemand sich gewalttätig uns gegenüber verhält, uns unter Druck setzt, Erwartungen an uns stellt oder uns kritisiert.
- Wenn jemand respektlos mit Dingen umgeht, die uns gehören, oder sich Geld von uns leiht und es nicht zurückzahlt.
- Wenn jemand unser „Nein!" nicht respektiert.

All das sind Beispiele dafür, wie jemand unsere Grenzen überschreitet. Und wenn es dazu kommt, müssen wir unseren Beschützer aktivieren, um „Nein!" oder „Stopp!" oder „Das ist so für mich nicht in Ordnung!" zu sagen.

In den folgenden Kapiteln werden wir sehen, wie du deinen Beschützer finden und aktivieren kannst.

Übung

Nimm dir einen Moment Zeit, um darüber nachzudenken, warum es dir schwerfällt, Nein zu sagen, Grenzen zu setzen oder wütend zu werden.

- Denkst du vielleicht, dass du höflich sein und Konflikte unter allen Umständen vermeiden solltest?
- Hast du Angst, dass du die Wut des anderen provozierst oder er oder sie dich bestrafen wird?
- Hast du Angst, dass du abgewiesen werden wirst, wenn du für dich einstehst?
- Entschuldigst und „verstehst" du die andere Seite vielleicht zu schnell?
- War Wut ein zu gefährliches Gefühl, als dass du es hättest fühlen können, als du klein warst?
- Bist du es gewohnt, schlecht behandelt zu werden und hast dich damit abgefunden?
- Fühlst du tief in deinem Innern, dass du es nicht wert bist, dass man dich mit Respekt behandelt?

13

Drei Schritte, um in deine Kraft zu kommen

Stell dir vor, du bist in einem Supermarkt und beobachtest zufällig eine Szene zwischen einer Mutter und ihrem Kind. Die Mutter ist wütend, weil ihre kleine Tochter nicht aufhört, Spielzeug aus dem Regal zu nehmen und in den Einkaufswagen zu legen. Die Mutter legt das Spielzeug zurück ins Regal und schreit das Kind an, damit aufzuhören. Aber das Kind ist trotzig und macht immer weiter. Schließlich nimmt die Mutter das Kind und fängt an, es kräftig zu schütteln, während sie die Kleine anschreit, damit aufzuhören und sich zu benehmen. Als das kleine Mädchen anfängt zu weinen, gibt ihr die Mutter eine Ohrfeige und sagt, sie soll still sein. Das Mädchen weint nun noch lauter und die Mutter schlägt sie noch einmal.

- Stell dir vor, dass du das kleine Mädchen wärst. Wie würdest du dich fühlen? Was würde in deinem Inneren vor sich gehen? Welchen Effekt könnte es haben, wenn du so behandelt werden würdest?
- Welches Gefühl hast du als Zeuge, nachdem du diese Szene beobachtest hast?
- Falls du hier eingreifen würdest: Könntest du dir vorstellen, was du zu der Mutter sagen würdest?

Wir erzählen dir diese Geschichte, weil sie skizziert, was wir „drei Schritte, um in deine Kraft zu kommen" nennen.

- Wahrscheinlich wird dieses Kind bleibende Angst, Schock und Scham davontragen, weil es so behandelt wird.
- Vielleicht wirst du wütend auf die Mutter, weil sie das Kind so schlecht behandelt.
- Oder du fühlst vielleicht die Hilflosigkeit und Verzweiflung der Mutter und verstehst deren Gefühle.
- Vielleicht würdest du, falls du eingreifen würdest, zu der Mutter sagen: „Stopp! Sie tun ihr weh. Man kann mit dieser Situation auch anders umgehen statt mit Gewalt! Ich verstehe, dass Sie am Verzweifeln sind, aber vielleicht finden wir einen anderen Weg, wie man damit umgehen könnte."

Der Prozess, deine eigene Kraft wiederzufinden und deinen Beschützer zu finden, besteht aus drei Schritten.

Der erste Schritt:

Zunächst wirst du dir bewusst, dass und auf welche Art und Weise deine Grenzen überschritten werden und welche Auswirkungen das auf dich hat. Das ist bereits ein großer Schritt, wenn du es nicht länger verleugnest oder dir nicht einmal bewusst bist, dass man dich missachtet.

In diesem Zustand kannst du nicht reagieren und wirst nicht einmal wütend. Aber vielleicht beginnst du, die Angst, den Schock und die Scham zu spüren, die da sind. Bis jetzt haben wir darüber gesprochen, woran man Angst und Schock erkennen und wie man mit ihnen umgehen kann. Dies gehört zum ersten Schritt, um in deine Kraft zu kommen.

Es legt den Grundstein dazu, in deine Kraft zu kommen, wenn du dir bewusst wirst, wie tief deine Angst und dein Schock sitzen, wie häufig und wie schnell sie unter Umständen ausgelöst werden, und wie du sie wahr nimmst.

Der zweite Schritt:

Es kommt eine Zeit, in der du dich den Schock, die Angst und die Scham missachtet zu werden, fühlen lässt und Wut darüber in dir aufsteigt. Du fängst an zu spüren, dass es nicht in Ordnung ist, so behandelt zu werden.

Du fängst an, empört darüber zu sein, dass jemand mit seinen Ansichten, seinen Urteilen, seiner Kritik, seinen Drohungen, seinem Druck und seinen Erwartungen deine Grenzen überschreitet. Und wenn diese gesunde Wut an die Oberfläche zu kommen beginnt, kommst du in die zweite Phase, wieder in deine Kraft zu kommen.

Dies ist ein großer Schritt, denn wie wir im vorangegangenen Kapitel beschrieben haben, kann es dir schwerfallen, dir zu gestatten, diese Wut zu fühlen. Aber es ist gesund und natürlich, Wut zu fühlen, wenn unsere Grenzen nicht respektiert werden.

Als Kind konnten wir dieses Gefühl nicht fühlen, aber jetzt sind wir groß und stark genug, um es zu fühlen.

Die Wut des zweiten Schritts auf dem Weg, wieder in deine Kraft zu kommen, ist nicht die Wut, die du fühlst, wenn du irritiert bist, weil die Dinge nicht so laufen, wie du es gern hättest. Es ist auch nicht die Wut, die du spürst, wenn du ungeduldig, überwältigt oder frustriert bist, weil dir jemand oder das Leben nicht das gibt, was du gern hättest.

Es ist die Wut, wenn deine Grenzen nicht respektiert werden. Sie ist wie ein Feuer tief in deinem Innern, das zu erwachen beginnt – ein Feuer der Würde und des Selbstrespekts.

Deine wahre Lebensenergie möchte sich ausdehnen und leben. Wenn du anfängst, mit diesem Feuer in dir in Kontakt zu kommen, kann das eine sehr starke und intensive Erfahrung sein, denn Teil unserer Geschichte ist, dass wir beleidigt und manches Mal missachtet worden sind, wenn wir verletzlich waren. Deswegen haben wir alle gelernt, unsere Energie zurückzuhalten und uns kleiner zu machen, als wir sind. Wir tragen daher eine Menge Wut in uns, die aus vergangenen Zeiten stammt.

Der zweite Schritt auf dem Weg, in unsere Kraft zu kommen, besteht darin, dieses Feuer zu erwecken und sich mit ihm anzufreunden. Wut ist eine Energie, die uns beschützt, und die meisten von uns haben diesen vitalen Aspekt ihrer Lebensenergie verloren.

Natürlich haben wir Angst, wenn wir mit der Wut in unserem Innern in Kontakt kommen, die jemand anderen oder uns selbst verletzen könnte. Deshalb ist es am besten, mit der Wut des zweiten Schritts in einer sicheren Umgebung zu arbeiten, zum Beispiel kann man in einem Fitnesscenter kickboxen, mit einem Therapeuten Einzelsitzungen nehmen oder an Seminaren teilnehmen, in denen du diese Energie zulassen kannst, ohne dass es auf deine oder die Kosten von jemand anderem geht.

Es ist nicht gut, es an deinem Partner, einem Freund oder Kind auszulassen, denn wenn du auf jemanden wütend bist, ist das nicht das Gleiche, wie wirklich in deiner Kraft zu sein und außerdem schadet es dem Vertrauen zwischen dir und dem anderen sehr.

Der dritte Schritt:

Wirklich und langfristig kommst du in deine Kraft durch einen dritten Schritt. Hier lernst du, klare, angemessene und deutliche Grenzen zu setzen. Beim dritten Schritt handelst du nicht mehr aus dem Gefühl heraus, um in deine Kraft zu kommen. Deine Kraft liegt in deiner Klarheit und in deinem Vertrauen, dass du in der Lage bist, deine Grenzen zu wahren.

Der Selbstrespekt entwickelt sich, wenn du in der Lage bist, klare Grenzen zu setzen, wenn sich jemand auf eine bestimmte Art und Weise verhält. Du lehnst also nicht den anderen Menschen ab, sondern setzt eine Grenze gegenüber einem bestimmten Verhalten. Natürlich braucht es seine Zeit, bis man die Klarheit hat und den Mut findet, diese Grenze im wirklichen Leben zu setzen.

Aber du kannst es mit einem Freund oder einem Therapeuten üben.

Andrea, eine 46-Jährige, ist gegenwärtig in einer Beziehung mit einem Mann, der sich aufgrund seiner Verletzungen aus der Vergangenheit schützt, indem er sich sehr für seine eigenen Bedürfnisse interessiert. Es fällt ihm nicht leicht, sie oder ihre Bedürfnisse zu fühlen. Sie bewundert seine Energie, seine Stärke und sein Selbstvertrauen, aber seine Selbstbezogenheit macht sie rasend. Sie ist seit neun Jahren mit ihm zusammen und während dieser Zeit hat sie dank ihrer Entschiedenheit, therapeutische Einzelsitzungen zu nehmen und regelmäßig Seminare zu besuchen, die drei Schritte gemacht, um in ihre Kraft zu kommen.
Zunächst hatte sein dominantes Verhalten nur ihre Scham und ihren Schock an die Oberfläche gebracht. Sie fühlte sich unsicher und verurteilte sich konstant selbst und zweifelte an sich. Sie konnte nicht fühlen, dass seine Selbstsucht ihre Grenzen missachtete, dass sie gegenseitigen Respekt brauchte, damit sie beide verletzlich sein konnten. Allmählich begann sie zu die Wut in ihrem Innern zu fühlen, die auch einen Bezug dazu hatte, dass ihre Mutter selbstsüchtig gewesen war. Um in Kontakt mit ihrer Wut zu kommen, ging sie in eine Gruppe, wo sie in einem Sportzentrum in ihrer Nähe Kickboxen lernte. Sie hatte auch Wutausbrüche ihrem Partner gegenüber, aber diese Wutanfälle machten ihre Verbindung nur noch schwieriger. Sie erkannte, dass es gut für sie war, ihre Wut zu fühlen, aber dass es ihnen nicht half, wenn sie in die Reaktion ging und sich mit ihm stritt. Als sie anfing, sich selbst zu lieben, konnte sie auch ihr Bedürfnis nach Anerkennung und Respekt sehen und sie verstand, dass sie ihr Leben nicht länger nach ihm richten und ihre Kreativität und ihre Freunde dafür aufgeben konnte. Zunächst arbeitete sie mit ihrem Therapeuten daran, wie sie klare Grenzen ihm gegenüber setzen konnte. Sie musste mit all ihren Ängsten arbeiten: dass er ihr nicht zuhören oder sie nicht verstehen würde und auch, dass er sie verlassen würde. Aber was diesen Punkt anging, wusste sie, dass sie lieber ihre Würde bewahren würde als sich weiterhin selbst zu

verleugnen und bitter und wütend zu werden und voller Groll zu sein. Letztendlich brachte sie den Mut auf, direkt mit ihm zu sprechen und ihre Bedürfnisse auszudrücken. Ihre Klarheit machte ihm deutlich, dass er, wenn er die Beziehung halten wollte, an sich arbeiten musste. Er begab sich daraufhin über längere Zeit in Therapie.

Übung

Nimm dir einen Moment Zeit, um an die wichtigen Beziehungen in deinem Leben zu denken. Gibt es jemanden, bei dem du fühlst, dass er dich nicht respektiert und deine Grenzen überschreitet?

Wenn ja, auf welche Art und Weise missachtet er oder sie dich?

- Sagt er oder sie dir, was du tun, denken oder sagen solltest?
- Kommt er oder sie ständig zu spät, wenn ihr verabredet seid, oder kommt überhaupt nicht?
- Droht er oder sie dir in irgendeiner Hinsicht mit Aggression, Ablehnung oder indem er oder sie dir Aufmerksamkeit oder Geld vorenthält?
- Ist er oder sie dir gegenüber durch Taten oder mit Worten aggressiv?
- Respektiert er oder sie nicht, wenn du eine Grenze setzt? Was fühlst du in deinem Innern, wenn du so behandelt wirst?
- Bekommst du Angst oder gehst du in Schock?
- Fühlst du Scham?
- Wirst du wütend?

Stell dir vor, du würdest zu diesem Menschen zum Beispiel sagen:

- Ich bin nicht damit einverstanden, wenn du ...
- Es fällt mir schwer, dir gegenüber offen zu sein, wenn du ...

Dann erlaube dir zu fühlen, was auch immer an Angst oder Schuld in dir hochkommt, wenn du dir vorstellst, dies zu sagen.

14

Dir selber Halt geben

Wenn wir Angst haben, fühlen wir uns leicht überwältigt. Du bist wahrscheinlich außer dir und hast das Gefühl, dass du sofort etwas unternehmen musst, um die Situation zu verändern. Es kann sich anfühlen, als ginge es um Leben und Tod, wenn Angst die Oberhand gewinnt.

Um mit Angst umzugehen, müssen wir lernen, uns selbst Halt zu geben. Vielleicht hilft es dir, dir vorzustellen, dass dein Bauch eine weiche und liebevolle Gebärmutter ist, die den Teil von dir halten kann, der Angst hat – dein ängstliches und geschocktes Kind.

Normalerweise fühlst du, wenn du Angst hast, dass du nur aus Angst bestehst. Du erlebst es nicht so oder bist dir dessen nicht bewusst, dass dies nur ein Teil von dir ist, der Oberhand gewinnt, wenn dein Trauma wieder an die Oberfläche kommt.

Um es dir zu erleichtern, dir selbst Halt zu geben, möchten wir dir das Konzept vorstellen, dass jeder von uns zwei Bewusstseinszustände in sich trägt, die parallel nebeneinander existieren.

Der eine Bewusstseinszustand ist der des verwundeten, traumatisierten, verängstigten Kindes. Dieser Teil von uns lebt in Angst und Schrecken und sein Denken, Verhalten und inneres Erleben sind von dieser Angst bestimmt.

Der andere Teil ist unser reifes Erwachsenenbewusstsein. Dieser Teil von uns ist in der Lage, Abstand zu nehmen von dem beängstigenden

Erlebnis und sich dessen bewusst zu werden, wann und warum die Angst auftritt, wie sie sich im Körper anfühlt, wie sie denkt und wie sie unser Verhalten steuert. Das reife Bewusstsein des Erwachsenen kann dem verängstigten Kind in uns Halt geben, wie eine Mutter oder ein Vater.

Doris ist eine 40-Jährige, die erst seit kurzem unter ständigen Panikattacken leidet. Ihr Vater war ein wohlhabender Geschäftsmann und sie wuchs in einer Familie auf, die der oberen Gesellschaftsschicht angehörte, Luxus gewöhnt und von Personal umgeben war. Ihre Mutter hatte Depressionen und war gewalttätig. Sie nahm sich das Leben, als Doris 12 Jahre alt war. Ihr Vater hatte regelmäßig Wutanfälle und Doris übernahm die Rolle der Vertrauten des Vaters und versuchte, ihn zu beruhigen, wenn er sich aufregte. Vor einigen Jahren hatte er ernsthafte finanzielle Probleme, unter anderem lief ein Gerichtsverfahren wegen Steuerhinterziehung gegen ihn, und letztendlich musste er Konkurs anmelden. Doris heiratete einen liebevollen Mann, der aber keinen Kontakt zu seinen Gefühlen hatte. Er kam finanziell für sie auf, aber die Beziehung endete, als Doris eine Affäre mit einem anderen Mann hatte. Doris hatte nie gelernt, mit ihren Gefühlen präsent zu sein. Als Kind wurde sie verwöhnt und als Erwachsene lebte sie weiterhin mit ihrem kindlichen Bewusstsein, war emotional an ihren verantwortungslosen Vater gebunden und heiratete einen Mann, der sie versorgte. Als ihre Welt zusammenbrach, weil ihr Vater in Konkurs ging und ihre Ehe zerbrach, gewann ihr verängstigtes inneres Kind die Oberhand und sie bekam häufige Panikattacken. Um zu heilen, musste sie lernen, ihre Ressourcen zu stärken und ihrem kindlichen Anteil, der aufgrund ihrer Kindheitstraumata Angst hatte, Halt zu geben.

Stell dir vor, dass du eine starke Energie spürst, die dir Halt gibt und die dem emotionalen, verängstigten Teil in dir einen Rückhalt bietet und ihm versichern kann, das alles gut werden wird. Stell dir vor, dass diese

Energie mütterlich oder väterlich ist und dem verängstigten kindlichen Anteil Halt bietet und dafür sorgt, dass er sich sicher fühlen kann.

Wenn du dir einigermaßen bewusst bist, wie das funktioniert, wenn der erwachsene Anteil in dir dem verängstigten Anteil Halt bietet, kannst du deine Aufmerksamkeit bewusst von schwierigen Gefühlen im Innern auf den Teil von dir lenken, der diesen Teil umarmen und ihm Halt geben kann. Du kannst deine Aufmerksamkeit vom aufgebrachten, aktivierten Kind in dir zum ruhigen Erwachsenenanteil lenken, der in seiner Mitte ruht.

Stell dir vor, dass diese Energie, die zentriert ist und Rückhalt bietet, die Angst beruhigt. Sie hat starke Arme und einen starken Körper und kann die Ängste mit Vertrauen und Präsenz halten und sie umarmen. Um starke Arme und einen starken Körper zu entwickeln, empfiehlt es sich, auch körperlich deine Skelettmuskulatur zu stärken – Arme, Beine und Rumpf.

Jede Art von Training, das die Muskeln kräftigt, kann hier sehr hilfreich sein, um stärker zu werden – zum Beispiel Fitnesstraining, Pilates oder Yoga. Wenn diese Muskeln stärker werden, wirst du deinen reifen Erwachsenenanteil leichter erkennen und dich mit ihm identifizieren können.

Dann kannst du dir vorstellen, wenn Du Angst bekommst, dass du deine Aufmerksamkeit auf den reifen Erwachsenenanteil in dir lenkst, der dem ängstlichen Kind in dir Halt gibt.

Übung
Dir Halt geben – eine geführte Meditation

Du kannst diese Meditation aufnehmen und sie dir dann anhören oder du kannst einen Freund oder eine Freundin bitten, sie dir vorzulesen.

Lass dir einen Moment Zeit und setz dich an einen ruhigen Ort, an dem du für die Dauer dieser Meditation nicht gestört wirst.
Erinnere dich an ein Ereignis, das noch nicht so lange zurückliegt oder an jemanden, über den du dich kürzlich aufgeregt hast.
Nimm dir einen Moment Zeit, dich an dieses Ereignis zu erinnern und daran, was es insbesondere war, das dich verstört hat.
Erlaube dir, dich an dieses störende Ereignis vorsichtig heranzutasten.
Nimm die Angst, Irritation oder Wut wahr, die es in dir provoziert haben mag.
Nimm wahr, wie sich diese in deinem Körper anfühlen.
Vielleicht nimmst du wahr, wie du dich energetisch zu schützen versuchst, indem du entweder zumachst oder den anderen wegstößt.
Beobachte, welche Gedanken dir zu diesem Ereignis kommen, wenn du Gedanken hast – Gedanken zu dir, über den anderen oder zur Situation.
Nimm wahr, wie du dich in dieser Situation verhalten hast – beobachte es einfach nur.
Jetzt stell dir vor, dass diese ganzen Gedanken und dein Verhalten von einem jungen, verwundeten Teil von dir kommen, der sich bedroht und nicht sicher fühlt.

Dieser Teil von dir ist aktiviert worden.
Atme einfach nur hinein – fühle ihn – und lass ihn da sein.
Wenn du einfach weiter deine Atmung benutzt, um die Angst zu beruhigen, wird sich vielleicht etwas setzen.

Jetzt fang langsam an, deine Aufmerksamkeit dem reifen, erwachsenen Teil von dir zuzuwenden, der stark und ruhig ist.
Stell dir vor, dass dieser erwachsene Teil von dir dem aufgeregten Teil, der sich fürchtet, Halt gibt und ihn oder sie mit Liebe und Sicherheit umgibt.
Du hältst und umarmst sanft diesen jungen, verwundeten Teil von dir. Hältst ihn liebevoll, präsent und voller Mitgefühl.
Du brauchst nichts zu tun, ihn nur zu halten und zu umarmen.
Mit dem Gefühl, dass deine Atmung und deine Präsenz dieses Kind beruhigen und trösten.
Vielleicht nimmst du wahr, dass sich jetzt sogar dieser zarte, verwundete Teil von dir ein bisschen mehr entspannen kann.

15

Deine Kraft und deine Ressourcen stärken

Angst und Schock hinter sich zu lassen ist ein langsamer Prozess. Unser Nervensystem ist schwer traumatisiert worden und es braucht seine Zeit, um die Stärke und Würde zurückzuerlangen, die wir verloren haben. Unser Nervensystem soll unser Überleben sichern und uns in Situationen, die zu beängstigend sind, dadurch verteidigen, dass wir dissoziieren oder erstarren.

Jetzt lernen wir, wieder zurückzukehren zu der natürlichen Art und Weise, in der unser Nervensystem auf Bedrohung reagiert – entweder mit Angriff oder mit Verteidigung –, indem wir entweder in die Konfrontation gehen oder der Bedrohung ausweichen.

Wenn wir heilen, beginnen wir, den Mut und die Fähigkeit dazu aufzubringen, indem wir unseren Körper und unseren Geist stärken. Wenn wir traumatisiert worden sind, ist es natürlich, dass wir unsere Energie auf Sparflamme halten und weniger lebendig werden. Es ist natürlich, unsere Lebensenergie herunterzufahren, denn Lebendigkeit könnte noch mehr Trauma einladen. Wenn wir traumatisiert worden sind, geschieht es auch leicht, dass wir eine negative Einstellung zu uns selbst, zum Leben und zu anderen einnehmen. Andauernde negative Einstellung und Gedanken haben ernsthafte, schädliche Auswirkungen auf unsere Geisteshaltung, unser Lebensgefühl und auf unsere Gesundheit.

Es ist wichtig, aktive Schritte in die entgegengesetzte Richtung zu unternehmen – in Richtung eines lebendigen Körpergefühls und einer positiven Geisteshaltung.

Hier folgen zehn Vorschläge, die dir helfen können, deine Ressourcen zu stärken:

1. Mach es dir zur Gewohnheit, deinen Körper regelmäßig zu bewegen.

2. Übe dich in sicherer und beschützter Umgebung darin, deine Energie zuzulassen und deine Wut auszudrücken.

3. Suche dir einen Coach, Trainer und/oder Therapeuten, der dich bei oben Genanntem unterstützen kann; besonders zu Anfang, um dir zu helfen, deine Energie in Schwung zu bringen.

4. Finde und pflege Hobbys, die dir Freude machen und dich inspirieren.

5. Umgib dich mit Menschen, die dein Wachstum unterstützen und die dir helfen, stärker zu werden.

6. Verbring so wenig Zeit wie möglich oder gar keine Zeit mit Familienmitgliedern oder Freunden, die weiterhin altes Verhalten wiederholen, mit dem sie dich missachten, oder die negative Lebensmuster haben.

7. Sieh dir die Beziehungen mit den Menschen an, die dir nahestehen, und schau, ob du hinsichtlich Grenzüberschreitung oder Missachtung etwas klären musst. Übe es mit einem Freund oder Therapeuten, hier angemessene Grenzen zu setzen.

8. Wenn du dich bereit dazu fühlst, schau, ob du diese Grenzen tatsächlich demjenigen gegenüber setzen kannst, der dich nicht respektiert. Tu es so, wie wir es weiter oben beschrieben haben. Lass dir Zeit und setze dich nicht unter Druck, diesen Schritt zu tun, wenn es da noch zu viel Angst gibt.

9. Werde dir der negativen Aussagen bewusst, die du dir selbst, anderen und dem Leben gegenüber mit dir herumträgst und mach dir klar, dass sie die Folge von Trauma sind.

10. Stell diese automatischen Aussagen so oft und so beharrlich wie möglich in Frage, sieh sie dir an und fühle sie mit deinem Herzen und deiner Weisheit. Schau, wie dein Herz diese Aussagen so umformulieren würde, dass sie lebensbejahend und unterstützend werden.

Zusammenfassung

In diesem Buch haben wir versucht, eine präzise und praktische Herangehensweise vorzustellen, wie wir unsere Scham, Unsicherheit, Angst und unseren Schock heilen können. Die Herausforderung bei diesem Heilungsprozess ist, unser Urvertrauen und unsere Unschuld, die wir als Kind besaßen, wieder zu entdecken.

Jetzt, als Erwachsener, können wir diese wunderbaren Qualitäten wiedererlangen mit der Reife, die akzeptiert und einschließt, dass das Leben eine Reise mit enormem Wachstumspotenzial ist.

Wir können verstehen und akzeptieren, dass das Leben sowohl Schmerz als auch Freude bringt; Qualen und Ekstase.

Und wenn wir nicht die innere Reise unternehmen, um unser ewiges Sein, das sich niemals ändert, zu entdecken, dann werden wir immer nur Leid kennen. Ohne uns auf die innere Reise zu begeben, ist es sehr wahrscheinlich, dass wir ein Leben voller Leiden, Langeweile, Misstrauen und Isolation leben werden.

Die Gefahr ist, dass wir die schmerzhaften Erfahrungen, die uns das Leben beschert, dazu benutzen werden, noch mehr Misstrauen aufzubauen statt sie als Chance zu begreifen, um an ihnen zu wachsen.

Zum Beispiel:

- Du hast dich jemandem gegenüber geöffnet und findest heraus, dass er oder sie nicht so liebevoll oder präsent mit dir umgeht, wie du gehofft hattest.

- Ein Freund hat hinter deinem Rücken schlecht über dich gesprochen.
- Du hast herausgefunden, dass dein Liebespartner eine Affäre hat.
- Du fühlst dich von jemandem, der dir nahesteht, missverstanden.
- Jemand ist dir gegenüber nicht ehrlich gewesen.
- Dir ist deine Anstellung gekündigt worden oder du bekommst nicht die Arbeit, die du gern hättest.
- Du bist zu Unrecht beschuldigt oder verurteilt worden.
- Jemand oder eine Gruppe hat dich ausgeschlossen.

Bevor wir uns auf einen Heilungsprozess einlassen, ist es leicht zu fühlen, dass die Welt gegen uns ist, wenn wir schwierige und schmerzhafte Situationen erleben. Oder zu fühlen, dass sich, egal wie sehr wir uns bemühen, nichts zum Positiven wendet. Es ist leicht, bitter oder wütend zu werden oder zu resignieren und depressiv zu werden.

Der Prozess der Heilung lehrt uns, dass die gegenwärtigen Ereignisse in unserem Leben eine Wiederholung früherer Wunden sind. Sie sind Herausforderungen, mit denen uns das Leben eine Chance bietet zu heilen, indem wir den Schmerz und die Wut darüber fühlen, was wir durchgemacht haben, um Schritte in Richtung Selbstverwirklichung zu unternehmen. Wenn wir uns auf den Heilungsprozess einlassen und unsere Perspektive und Haltung ändern, verändert sich unsere gesamte Einstellung zum Leben. Wir können nicht weiterhin anderen und dem Leben die Schuld geben und in Negativität verfallen.

Etwas in uns wird weicher und wir kämpfen nicht länger mit dem Leben und mit dem, was es uns präsentiert. Dankbarkeit entsteht und wir können beginnen, uns auf neue Art und Weise zu sehen und zu lieben. Wir fangen an, diese enorme Ehre und den Respekt zu fühlen, die es beinhaltet, dieses Leben als Wachstumschance bekommen zu haben.

Unsere Scham, unsere Unsicherheiten, unseren Schock und unsere Angst zu erkennen und zu lernen, sie zu akzeptieren, macht uns menschlich.

Es macht uns weicher und hilft uns, die Schönheit des Lebens zu schätzen, auch wenn das Leben Leiden und Schwierigkeiten beinhaltet.

Wir wünschen dir alles Gute und viel Unterstützung auf deiner Reise, die stets weitergehen wird.

Krishnananda und Amana

Literaturempfehlungen

Trobe, Krishnananda, Liebeskummer lohnt sich doch, Co-Abhängigkeit in Beziehungen und die Ängste des Inneren Kindes, Heuer, München, 1998

Trobe , Krishnananda, Liebe ist (k)ein Kinderspiel - Von unseren Ängsten und der Kunst, aus Beziehungen zu lernen, 2001

Trobe, Thomas und Demant Trobe, Gitte, Vertrauen ist gut, Selbstvertrauen ist besser: Wege aus der Enttäuschungsfalle, Innenwelt, Köln, 2004

Trobe, Krishnananda und Amana, Wenn Sex intim wird: Die drei Stufen zur verbindlichen Partnerschaft, Innenwelt, Köln, 2008

Bradshaw, John, Wenn Scham krank macht: Verstehen und überwinden von Schamgefühlen, Knaur, 2006

Kaufman, Gresham, The Psychology of Shame, Springer Publishing Co. Inc. New York, New York, USA 10012, 1996

Brown, Byron, Soul Without Shame, Shambhala, Boston, Mass 02115, 1999

Brown, Byron, Befreiung vom inneren Richter, Die Intelligenz der Seele erkennen, Shambhala Publication, 2001

Levine, Peter, Traumaheilung. Das Erwachen des Tigers, Synthesis, 1999

Levine, Peter, Sprache ohne Worte: Wie unser Körper Trauma verarbeitet und uns in die innere Balance zurückführt, Kösel, 2011

Rothschild, Babette, Der Körper erinnert sich: Die Psychophysiologie des Traumas und der Traumabehandlung, Synthesis, 2011

Liebe lernen – die weiteren Bände

Band 1
Verletzlichkeit zulassen
Verlassenheitsänste heilen
ISBN 978-3-9-942502-10-8

In Planung:
Band 3: **Lebendig sein und innerlich Raum haben**
Band 4: **Deine Vision leben**

Über die Autoren

Krishnananda (Dr. Thomas Trobe) stammt aus den USA. Er ist Psychiater und hat seine Ausbildung in Harvard und an der Universität von Kalifornien gemacht. Seit den 80-er Jahren leitet er Gruppen und Trainings zum Thema Co-Abhängigkeit.
Amana (Gitte Trobe) kommt aus Dänemark, ist Therapeutin und in Cranio-Sacraler Körperarbeit ausgebildet.
Seit 1995 leitet das Ehepaar zusammen die *Learning-Love*-Seminare. Sie leben, wenn sie nicht irgendwo auf der Welt für ihre Arbeit unterwegs sind, in Sedona, Arizona.

Mehr Informationen über die Arbeit der Autoren:
www.learningloveseminars.com

Bisher erschienen:

Krishnananda & Amana Trobe
WENN SEX INTIM WIRD
Die drei Stufen zur verbindlichen Partnerschaft
D 17,80 · Ö 18,30 · ISBN 978-3-936360-27-1

In diesem Buch geben die Autoren eine Anleitung, wie Sex und Verletzlichkeit ein Weg zu einer tieferen, reicheren Intimität sein können. Sie bringen Beispiele aus ihrem eigenen Leben und von Menschen, mit denen sie gearbeitet haben.

„Ich wünschte, alle Liebenden würden dieses Buch kennen. Jeder, der dieses Paar erlebt hat, spürt, dass alles was sie zu geben haben, durch und durch gelebt ist.
Natalia Wörner, Schauspielerin

Krishnananda & Amana Trobe
VERTRAUEN IST GUT,
SELBSTVERTRAUEN IST BESSER
Wege aus der Enttäuschungsfalle
16,80 · Ö 17,30 · ISBN 978-3-936360-10-3

In diesem Buch werden die Ursachen von Misstrauen erforscht. Es wird aufgezeigt, wie man nach tiefen Enttäuschungen Vertrauen zurückgewinnt, um sich wieder für das Leben und die Liebe zu öffnen.

„Ich kann dieses Buch jedem empfehlen, der die Hintergründe seines erwachsenen Verhaltens besser verstehen will.“
Eva-Maria Zurhorst

www.innenwelt-verlag.de

www.innenwelt-verlag.de